AURORE, L'ENFANT MARTYRE

Léon Petitjean et Henri Rollin

Aurore, l'enfant martyre

*Texte reconstitué et présenté
par Alonzo Le Blanc*

bibliothèque québécoise

BQ BIBLIOTHÈQUE QUÉBÉCOISE est une société d'édition administrée conjointement par les Éditions Fides, les Éditions Hurtubise HMH et Leméac Éditeur. BIBLIOTHÈQUE QUÉBÉCOISE remercie le ministère du Patrimoine canadien du soutien qui lui est accordé dans le cadre du Programme d'aide au développement de l'industrie de l'édition. BQ remercie également le Conseil des Arts du Canada et la Société de développement des entreprises culturelles du Québec (SODEC).

BIBLIOTHÈQUE QUÉBÉCOISE bénéficie du Programme de crédit d'impôt pour l'édition de livres du Gouvernement du Québec, géré par la SODEC.

Conception graphique : Gianni Caccia
Typographie et montage : Dürer *et al.* (MONTRÉAL)

Catalogage avant publication de la Bibliothèque nationale du Canada
Petitjean, Léon, 1869-1923 ou 1924
Aurore, l'enfant martyre
Pièce de théâtre

ISBN 2-89406-236-2

I. Rollin, Henri, 1887-1942. II. Le Blanc, Alonzo. III. Titre.

PS8481.EE84A97 2004   C842'.52   C2004-940186-6
PS9481.E84AA7 2004

Dépôt légal : 2ᵉ trimestre 2004
Bibliothèque nationale du Québec
© Bibliothèque québécoise, 2004, pour la présente édition

IMPRIMÉ AU CANADA EN AVRIL 2004

PRÉSENTATION

La pièce *Aurore, l'enfant martyre* est parue pour la première fois sous forme de livre chez VLB Éditeur en 1982. Trois auxiliaires de recherche ont collaboré avec moi à cette première édition: Lucie Robert, Claude Robitaille et le regretté Roger Chamberland, alors étudiants à la Faculté des études supérieures de l'Université Laval. Je leur exprime de nouveau ma gratitude pour leur contribution respective. On trouvera ici une version allégée de la présentation et des données documentaires de cette première édition, suivie du texte intégral de la pièce.

A.L.

Le texte d'*Aurore, l'enfant martyre* de la présente édition m'a été remis par Émile Asselin — Marc Forrez, de son nom de comédien — au printemps 1978. Responsable de la section théâtre dans l'équipe du *Dictionnaire des œuvres littéraires du Québec*, je participais alors à la rédaction du tome II couvrant la période 1900-1939. Seuls les ouvrages publiés faisaient l'objet de notre inventaire. Mais nous ne pouvions évoquer la vie théâtrale de cette époque sans mentionner *Aurore, l'enfant martyre* qui avait été jouée des milliers de fois. Le comédien Marc Forrez, dans une entrevue faite à la mi-décembre 1972, m'avait longuement parlé de cette pièce, tout en précisant qu'il n'en possédait malheureusement plus de copie. En 1978, il m'apprit qu'il avait retrouvé une enveloppe contenant tout ce qu'il lui restait d'*Aurore*: les copies chiffonnées des rôles que les comédiens se transmettaient les uns aux autres lorsqu'il y avait un nouvel interprète.

Parmi ces précieux restes, il y avait une partition quasi complète des trois ou quatre derniers actes, selon les copies. La première partie, surtout le premier acte, présentait des trous inquiétants. Avec l'aide de Claude Robitaille, j'ai pu reconstituer la pièce dans son état intégral, comme une sorte de puzzle où les partitions de rôles venaient s'insérer les unes dans les autres. Le rôle d'Aurore, par exemple, transcrit de la propre main de Thérèse MacKinnon, ne comportait que les répliques de ce personnage, précédées des deux ou trois derniers mots prononcés immédiatement avant par l'autre personnage auquel elle donnait la réplique. Cette façon de transmettre des textes de théâtre n'est pas propre au Québec; on en retrouve des traces dans la tradition théâtrale française; on a pu, par exemple, reconstituer *La femme fidèle* de Marivaux grâce, dit-on, à quatre des huit rôles qui avaient été conservés de cette comédie. Antérieur au phénomène théâtral d'*Aurore, l'enfant martyre*, il y a la malheureuse histoire vraie qui l'a inspiré. En suivant l'ordre chronologique des événements, nous allons tenter de décrire ici la succession des faits vécus et leur incroyable retentissement culturel au sein de la collectivité québécoise.

Aurore Gagnon (1909-1920)

Aurore Gagnon est née le 31 mai 1909, à Sainte-Philomène-de-Fortierville, dans le comté de Lotbinière, au Québec, et a été baptisée le 1er juin 1909, sous le nom de Marie Aurore Julienne, fille de Télesphore Gagnon, cultivateur, et de Marie-Anne Caron de la même paroisse. Elle est morte le 12 février 1920, au même endroit, à la suite de mauvais traitements infligés par sa belle-mère Marie-Anne Houde et par son père Télesphore Gagnon. Ces événements ont inspiré la célèbre pièce, *Aurore, l'enfant martyre*, mélodrame de Léon Petitjean et d'Henri Rollin, créée à Montréal au théâtre Alcazar, le 17 janvier 1921.

Le 12 septembre 1906, Télesphore Gagnon, né en 1883, fils majeur de Gédéon Gagnon et de Louise Lord, de Sainte-Philomène-de-Fortierville, épouse Marie-Anne Caron, fille mineure de Nérée Caron et d'Arzélie

Hébert de la même paroisse. De ce premier mariage naquirent quatre enfants: deux filles, Marie-Jeanne et Aurore, et deux garçons, dont le cadet, Joseph, mourut en novembre 1917, à l'âge de deux ans et demi, dans des circonstances mystérieuses: on avait trouvé l'enfant étouffé sous une paillasse. Aussi une autorisation du coroner William Jolicœur, de Québec, fut-elle requise pour que soit inhumé le corps de l'enfant. Deux mois et demi plus tard, la mère d'Aurore meurt et est enterrée le 26 janvier 1918. Son époux Télesphore, veuf depuis une semaine, épouse le 1er février 1918 Marie-Anne Houde, elle-même veuve de Napoléon Gagnon, dont elle avait eu six enfants. Marie-Anne Houde habitait sous le même toit que les Gagnon lors de la mort de l'enfant et celle de sa mère. Le mariage rapide et discret des deux nouveaux conjoints fut rendu possible grâce à une dispense accordée par l'archevêque de Québec.

Le 12 février 1920, le Dr Andronique Lafond, médecin résident à Saint-Jacques-de-Parisville, est mandé par téléphone auprès d'Aurore Gagnon, laquelle était en danger de mort. Selon son témoignage, il trouve «la petite malade dans le coma et couverte de blessures étranges avec, à la tête, un épanchement sous-cutané abondant». «Au témoignage de la mère, écrit-il, l'enfant était malade depuis au moins quinze jours, sans qu'aucun médecin n'ait été appelé.» Le curé, l'abbé Ferdinand Massé, est aussi appelé au chevet de l'enfant mourant. Le 13 février 1920, une manchette du *Soleil* révèle que la mort mystérieuse d'une enfant de dix ans dans Lotbinière fera l'objet d'une enquête du coroner et nécessitera une autopsie. Le rapport de cette autopsie réalisée le 13 février par le Dr Albert Marois, médecin légiste de Québec, fait état de cinquante-quatre blessures, à divers endroits du corps de l'enfant, dont la plus grave était située sur le côté du crâne. Ces blessures «ne peuvent être que le résultat de coups portés à l'enfant» et les enquêteurs saisissent plusieurs pièces à conviction ayant pu servir à ces sévices: un manche de hache, un fouet, une hart, un manche de fourche, une corde, un tisonnier, un fer à friser et un autre objet non identifié.

Les procès de Marie-Anne Houde et de Télesphore Gagnon (1920)

Dès le lundi 16 février 1920, les époux Gagnon comparaissent devant la Cour des Sessions de la Paix à Québec. Ils sont accusés d'homicide. Les époux plaident non coupable et clament hautement leur innocence. L'enquête se poursuit à huis clos. Me Joseph-Napoléon Francœur défend les deux accusés et les avocats de la poursuite sont Me Arthur Lachance et Me Arthur Fitzpatrick, substituts du procureur général. On entend d'abord la cause du père, ensuite celle de la mère. L'enquête préliminaire dans le cas de Télesphore Gagnon se termine le mercredi 25 février. Le 19 mars 1920, au Palais de Justice de Québec, Marie-Anne Houde, épouse de Télesphore Gagnon, est accusée, alors qu'elle était «comme telle légalement tenue de pourvoir aux besoins» d'Aurore Gagnon, de s'être «illégalement abstenue, sans excuses légitimes, pendant que ladite Aurore Gagnon restait dans sa famille, de lui procurer les soins médicaux et les autres choses nécessaires à la vie, et d'avoir ainsi causé la mort de ladite Aurore Gagnon». Dans le paragraphe suivant, le juge Choquette affirme qu'il y a lieu de faire subir un procès à la prévenue, accusée d'avoir «tué et assassiné ladite Aurore Gagnon» et, en conséquence, il la condamne à subir son procès devant la Cour du Banc du Roi, siégeant à Québec, en matières criminelles, au Palais de Justice de Québec, «le 6 avril prochain 1920, ou à toute autre époque, avant ou après, et en tout lieu, selon que réglé par la loi» (dossier du procès, cause *Le Roi vs Marie-Anne Houde*, Cour des Sessions de la Paix, Archives du Palais de Justice de Québec). Le chroniqueur judiciaire du *Soleil* apporte le 19 mars 1920 la précision suivante: «L'accusation retenue est celle de meurtre au premier degré et le juge enjoint aux constables et agents de la paix d'arrêter Marie-Anne Houde et de la conduire à la prison commune dans la cité de Québec.»

Le lendemain, 20 mars 1920, Télesphore Gagnon comparaît devant le même juge; il est accusé d'avoir, durant les six mois qui ont précédé le 12 février 1920, «illégalement battu, frappé et autrement maltraité son enfant mineure, Aurore Gagnon, lui causant par là des lésions corporelles graves dont elle est morte [...] et d'avoir ainsi commis le crime d'homicide involontaire coupable». Il est condamné également à subir son procès aux assises criminelles d'avril et à être détenu à la prison commune de Québec.

Le procès de Marie-Anne Houde débute le 13 avril 1920, devant le juge Louis-Philippe Pelletier. Il durera huit jours. Les avocats de la Couronne sont Me Arthur Fitzpatrick et M

Arthur Lachance, substituts du procureur général. Les avocats de la défense sont Me J.-N. Francœur et Me J.-A. Lemieux. Au cours de la matinée sont choisis les membres du jury dont la liste révèle une vaste représentation régionale.

Plusieurs témoins, dont les frères et la sœur d'Aurore, racontent les mauvais traitements infligés à l'enfant. L'un des témoignages les plus incriminants fut d'ailleurs celui de Marie-Jeanne Gagnon, 12 ans, propre sœur d'Aurore. Elle affirme devant le tribunal qu'elle a vu sa belle-mère attacher Aurore à la table avec un câble et la brûler au moyen d'un tisonnier rougi sur les doigts, mais aussi sur les jambes, sur les pieds et sur les cuisses. Même témoignage concernant le fer à friser, avec lequel elle lui arrachait les cheveux, en plus de mentionner un certain coup donné à la tête, « sur l'œil gauche avec un éclat de bois et ça [est] resté enflé jusqu'à sa mort » (*Le Soleil*, avril 1920). Malgré son jeune âge, on recueille aussi le témoignage du petit Gérard Gagnon, fils propre de Marie-Anne Houde. Il confirme que sa mère faisait des « beurrées de lessive » et forçait Aurore à les manger. Elle lavait Aurore avec une brosse à plancher. Elle la battait avec des harts. Elle grillait les chairs nues de la petite, en lui appliquant un tisonnier chauffé à blanc (*Le Soleil*, 16 avril 1920).

Les reportages sensationnels des journaux émeuvent l'opinion publique. La vaste salle des assises criminelles est pleine à craquer. Comme l'accusée est enceinte et a pu être influencée par son état, l'avocat de la défense, Me Francœur, change son plaidoyer « de non coupable en celui de non-responsabilité et d'excuse pour aliénation mentale », en vertu de l'article 19 du Code criminel. On forme une commission de huit médecins, qui sont chargés d'examiner la santé mentale de l'accusée. Les médecins requis par la Couronne sont les Drs Brochu et Roy, de l'hôpital Saint-Michel-Archange, les Drs Devlin et Derome, du Laboratoire provincial de recherche médicolégale. Les médecins requis par la défense sont les Drs Albert Prévost, de l'Université de Montréal, Alcée Tétrault, de l'hôpital Saint-Jean-de-Dieu, Émile Fortier et Achille Pâquet, de Québec. Une véritable bataille médicale s'engage entre les deux groupes à partir du samedi 17 avril 1920. Le procès prend une nouvelle tournure, devenant une querelle d'experts.

Les Drs Prévost et Tétrault prétendent que l'accusée est irresponsable, que ses actes de cruauté sont tellement révoltants qu'il leur paraît évident qu'elle ne possède pas toutes ses facultés mentales. Mais l'opinion de la majorité des médecins est que l'accusée est une personne intelligente et responsable. Des témoins qui ont vécu près d'elle jurent que la femme Gagnon n'est pas folle, que sa conduite leur a toujours semblé normale et même qu'elle est très intelligente. Le Dr Brochu, surintendant médical de l'asile de Beauport, confirme ces témoignages : « J'en suis venu aux conclusions que l'accusée était consciente de ses actes, qu'elle était intelligente, qu'elle a une appréciation morale et un sens critique prononcés. » (*Le Soleil*, 20 avril 1920)

Dans un long réquisitoire où il exprime son indignation, le 21 avril 1920, le juge Pelletier mène, à l'intention du jury, une véritable charge contre l'accusée. Les membres du jury se retirent pour délibérer et vers la fin de l'après-midi, ils font leur entrée dans la salle. Leur verdict est unanime : coupable.

Après une requête en appel présentée par Me Francœur avec la permission du juge, l'avocat de la Couronne, Me Fitzpatrick, fait la demande suivante : « J'ai le pénible devoir, Votre Seigneurie, de demander que sentence de mort soit prononcée immédiatement. » Le greffier s'adresse alors à l'accusée : « Avez-vous quelque chose à dire pour que votre sentence ne soit pas prononcée maintenant contre vous ? » L'accusée n'a pas la force de répondre et son procureur, Me Francœur, confirme : « Je n'ai rien à dire. »

Le juge Pelletier prononce alors la sentence. Il condamne Marie-Anne Houde à être détenue à la prison de Québec « jusqu'au 1er octobre, alors que vous serez pendue par le cou à huit heures du matin, jusqu'à ce que la mort s'ensuive ».

Le 8 juillet 1920, au matin, à la prison de Québec, Marie-Anne Houde Gagnon donne naissance à des jumeaux, un garçon et une fille. Ils sont baptisés par le chapelain de la prison et inscrits dans la paroisse Notre-Dame de Québec sous les noms de Jeanne d'Arc et de Jean Roch Gagnon. Marie-Anne Houde Gagnon finit par obtenir une commutation de peine. La rumeur veut qu'elle ait eu un autre enfant, conçu à la suite d'une relation avec un gardien de prison. La marâtre passa en tout près de quinze ans en prison, dont une partie à Kingston. Atteinte d'une maladie grave, elle fut libérée, vécut à proximité de l'Institution des sourdes muettes et mourut à Montréal, au 3722 de la rue Saint-Denis, le 12 mai 1936. Elle fut inhumée le lendemain dans la paroisse du Très-Saint-Nom-de-Jésus et enterrée au Cimetière de l'Est de Montréal.

Le procès de Télesphore Gagnon eut lieu également au Palais de justice de Québec, devant le juge Louis-Joseph-Alfred Désy, et il dura cinq jours, du vendredi 23 avril au mercredi 28 avril 1920, en présence de jurés différents, mais avec les mêmes avocats et substantiellement les mêmes témoignages, hormis les spécialistes de l'aliénation mentale. Le jury déclara Télesphore coupable « d'homicide involontaire ou *manslaughter* », sans recommandation à la clémence de la Cour.

Le juge prend la cause en délibéré et, le 4 mai 1920, il condamne Télesphore Gagnon à l'emprisonnement à perpétuité, peine qu'il devra purger au pénitencier de Saint-Vincent-de-Paul. Avant de prendre la route du pénitencier, Télesphore Gagnon obtient la permission d'aller voir sa femme au cachot où elle est dans une double attente: celle des jumeaux à naître bientôt et celle de sa pendaison prévue pour le mois d'octobre. Cette visite s'effectue à travers les barreaux de la prison et sous la surveillance du gouverneur de la prison. Après cinq années de pénitencier, Télesphore Gagnon fut libéré pour bonne conduite et regagna son village natal où la population l'accueillit avec compréhension. Il s'installa dans une autre maison et ouvrit un atelier de menuiserie. Le 8 janvier 1938, il épousa en troisièmes noces Marie-Laure Habel et il s'éteignit paisiblement à Fortierville en 1961.

Création de la pièce (1921)

Le drame de Fortierville et les procès des époux Gagnon venaient à peine de se dérouler qu'ils inspirèrent un sujet de pièce de théâtre à des comédiens en mal de succès. En février, mars et avril 1920, ces événements firent la manchette des journaux avec une telle ampleur de détails que les auteurs de la pièce n'eurent, pour ainsi dire, rien à inventer. Léon Petitjean (1869-1922) et Henri Rollin, pseudonyme de Willie Plante (1882-1942), voyant la célébrité déjà provinciale de l'affaire Gagnon, écrivirent un premier schéma de pièce qui prit la forme d'un grand guignol, rôles et action étant répartis entre six personnages, en une sorte de théâtre d'épouvante.

La production de cette pièce est annoncée dès le 15 janvier 1921 dans *La Presse,* comme suit:

THÉÂTRE ALCAZAR
Coin Dorion et Ste-Catherine
Semaine du 17 janvier
(dimanche compris)
AURORE, L'ENFANT MARTYRE
victime de sa marâtre
Drame en deux actes
Par la troupe Petitjean-Nohcor-Rollin
Intermèdes de chant

La pièce *Aurore, l'enfant martyre* est donc créée à Montréal, au théâtre Alcazar, le lundi 17 janvier 1921, par la troupe Petitjean-Nohcor-Rollin (Nohcor: Rochon inversé). Font partie de la première distribution: Amanda d'Estrée (la marâtre), Lucienne de Varennes (Aurore), Henri Rollin (le père), Léon Petitjean (le curé). Une publicité mentionne que «la partie comique est bien tenue par Madame Briand et Nohcor». La petite Lucienne de Varennes sera très tôt remplacée par sa sœur Simonne qui joue «d'une façon étonnante». La publicité insiste sur la leçon de morale et sur le réalisme de la pièce:

> Les auteurs ont voulu donner et donnent en réalité une leçon à certains veufs trop pressés de se remarier quand la mère de leurs enfants est morte. La leçon est bonne. Elle est présentée d'une façon peut-être trop réaliste, mais n'est-ce pas ainsi que l'impression demeure le mieux? La pièce est la mise en scène d'un drame réel dont tout le monde a encore le récit présent à la mémoire. (*La Presse*, 22 février 1921, p. 16)

Au moment même où Tizoune et sa troupe, avec Effie Mack, Arthur Pétrie et quinze jolies filles, égayent les spectateurs du Starland Theatre, *Aurore, l'enfant martyre* obtient un succès immédiat et garde l'affiche de l'Alcazar durant quatre semaines consécutives. Les mois suivants jusqu'en juin, elle fait le tour de Montréal : elle est jouée au Boulevardoscope, à l'Arcade, au National et au Chanteclerc. Dès l'été 1921 commence sa carrière en province : à Hull, puis à Québec où elle est jouée en novembre, avant d'être reprise à Montréal en novembre et décembre 1921. On s'en tient alors au seul martyre d'Aurore, ainsi que l'atteste cette énumération d'une annonce du Casino pour la semaine du 12 décembre 1921 :

> *Aurore, l'enfant martyre*
> DRAME EN DEUX ACTES
> PAR MM. HENRI ROLLIN ET PETITJEAN
> *victime de la marâtre*
> VOYEZ LE TISONNIER ROUGE,
> LA BEURRÉE DE SAVON,
> LE BON CURÉ, LA DERNIÈRE PRIÈRE
> DE LA PETITE AURORE.
> SIMONNE DE VARENNES
> DANS *AURORE, L'ENFANT MARTYRE.*
> PAS UNE VUE ANIMÉE — UN DRAME RÉEL
> Prix réguliers : Balcon, 16 c.
> Orchestre, 32 c. Loges, 42 c.
>
> (*Le Courrier fédéral*, vol. V,
> n° 8, 9 décembre 1921, p. 5)

Après la mort de Petitjean survenue le 22 décembre 1922, il y a une brève interruption. Au cours des années 1923-1924, la pièce ne fait plus guère la manchette des journaux de Québec et de Montréal. On voit bientôt d'autres troupes adopter le thème de l'enfant martyre qui demeure populaire. À la fin d'octobre 1925, sous le titre *L'enfant de la marâtre,* une pièce est jouée au National, avec Simonne de Varennes dans le rôle d'Aurore et Mme Berti (Jeanne Berty) dans le rôle de la marâtre. Et l'on ajoute: «Une représentation hors de l'ordinaire pour les habitués du National» (*La Presse,* 24 octobre 1925, p. 44). Au même moment, la troupe Rollin-Nohcor attire au Ouimetoscope un public nombreux avec *L'enfant martyre (La Patrie,* 27 octobre 1925, p. 18).

Henry Deyglun produit aussi une pièce sur le même sujet, intitulée *Le martyre de la petite Aurore,* jouée au mois d'août 1927 au Théâtre Français, avec une distribution formée de Mme Maud D'Arcy, Mlle Germaine Lippé et Mlle Miags, «nouvellement arrivée de France», et de MM. Marcel Roberty, Grimard et Henry Deyglun lui-même. La description de cette «représentation spéciale» se poursuit comme suit: «Les décors, jeux de lumière, accessoires, seront une révélation pour le public qui n'aura jamais vu quelque chose de pareil. Ce spectacle sera agrémenté de superbes morceaux de musique et de chansons écrites spécialement pour la circonstance.» *(La Patrie,* samedi 6 août 1927, p. 32) On constate donc qu'il y a eu plusieurs versions du drame d'Aurore. Celle que nous présentons ici s'inscrit, nous semble-t-il, dans la tradition la plus connue et la plus continue.

En 1927 apparaît dans les journaux l'annonce d'un «mélodrame en cinq actes», par la troupe Rollin-Nohcor, avec la mention d'une seconde partie intitulée: *Le procès de la marâtre.* La plupart des comédiens et comédiennes du début font partie de la distribution. La publicité évoque encore la «leçon de morale» donnée aux veufs qui se remarient et sa valeur de «propagande humanitaire ». De nombreuses tournées en province, en Ontario et en Nouvelle-Angleterre permettent à cette équipe bien rodée de jouer la pièce à un rythme d'environ deux cents représentations par année. Au cours des années 1930, la chanteuse Mary Travers — La Bolduc — les accompagna parfois en tournée.

Selon Marc Forrez, comédien qui fut mêlé de près à la destinée de la pièce, *Aurore, l'enfant martyr* fut jouée environ cinq mille fois de 1921 à 1951. Les interprètes les plus connues du rôle d'Aurore furent Lucienne de Varennes, Simonne de Varennes, Laurette Fournier, Noëlla Léveillée et Thérèse MacKinnon.

En 1980, nous avons pu interviewer Thérèse MacKinnon[1], à son domicile de Montréal, où elle nous a raconté une page intéressante de la petite histoire du théâtre au Québec. Vers 1936, elle fait ses débuts avec la troupe du *Living Room Furniture*. À cette époque, elle est remarquée par Nana de Varennes et Adrien Laurion qui ont assisté à la représentation d'une pièce où elle joue le rôle d'une femme de quatre-vingts ans, avec de la poudre d'aluminium dans les cheveux... Peu après, Adrien Laurion et Alfred Nohcor lui proposent de jouer le personnage d'Aurore... dès le lendemain !

---

1. Thérèse MacKinnon est née à Québec, le 24 mai 1916, dans le quartier Saint-Jean-Baptiste, d'un père écossais et d'une mère québécoise. La famille ayant déménagé à Montréal, Thérèse fait ses premières études à Rosemont, chez les Petites Franciscaines de Marie. Elle goûte au théâtre dès ses années de formation secondaire. Elle fréquente l'école de danse de Lise Bonheur, les cours de phonétique de Roch Théoret, les cours de Marcel Chabrier et, enfin, le Conservatoire Lasalle dont elle est diplômée.

Il n'y avait pas de texte. On me remit des bouts de papier, de vrais chiffons, sur lesquels mes répliques étaient inscrites. Je devais faire vite : je passai la nuit sans dormir, à me préparer pour le spectacle du lendemain. Je me suis amenée avec une robe noire, des bas noirs, des souliers neufs...

Thérèse MacKinnon travailla dès lors pour la troupe de Nohcor. Elle connut, dans le rôle de la marâtre, plusieurs comédiennes, dont Amanda d'Estrée et Lucie Mitchell. Elle donne certains détails concernant la mise en scène :

La marâtre me prenait par les cheveux et devait me retenir par le dos afin d'amortir ma chute dans l'escalier. J'avais appris à tomber sans me blesser, et je portais une sorte de pansement pour me protéger les genoux et les coudes. Mais il est arrivé que certaine marâtre négligeait de me retenir et alors je tombais directement sur le plancher et cela me faisait mal... Une fois, la marâtre oublia de fermer le sterno après la première scène où elle avait fait cuire un œuf. Elle me mit les mains sur une plaque brûlante... Que Dieu ait son âme : elle est morte aujourd'hui !

Dans la seconde partie de la pièce, je faisais le rôle de Gérard, le petit frère d'Aurore. On me transformait alors complètement : je recouvrais mes cheveux d'une perruque blonde, je me «blondissais» les sourcils, je me mettais un morceau d'orange dans chaque joue pour m'arrondir le visage, puis je venais témoigner en chaise roulante, pour raconter les mauvais traitements faits à Aurore. Mais personne ne me reconnaissait. Ensuite, une fois cette scène passée, je devais en vitesse me retransformer en

Aurore qui, à la fin du procès, réapparaissait pour demander au juge et aux jurés de pardonner à ses parents. J'avais ainsi deux chants à exécuter: au début, au moment de la mort d'Aurore, «La dernière prière», chanté sur l'air du «Rosaire», puis, dans l'apparition au procès, «la voix d'un ange», sur l'air de «Maman, c'est pour la France».

Marc Forrez, lui, jouait le rôle du curé au début, puis celui de l'avocat de la défense à la fin. Il était bon comédien, plein d'onction pour la scène de la confession, puis très éloquent devant le juge: il plaidait d'une façon vibrante, tenant l'auditoire suspendu à ses lèvres. On l'applaudissait à la fin de sa plaidoirie.

Thérèse MacKinnon estime avoir joué le rôle d'Aurore près de trois mille fois, dans les principales villes du Québec, dans des tournées à travers tout le pays, et en Nouvelle-Angleterre. La troupe, réduite à six ou sept comédiens, voyageait généralement en deux voitures, parfois en une seule, comme dans cette grande Cadillac lors d'une tournée américaine dont elle garde le souvenir. On transportait les éléments essentiels du décor et certains accessoires, entre autres un poêle démontable, un lit pliant, une couverture, deux tisonniers, l'un noir et l'autre rougi comme par le feu. On pouvait donner jusqu'à dix et parfois quatorze représentations par semaine, jouant deux fois par jour et même, certains jours, en deux villes différentes.

Les salles étaient de qualité fort inégale, poursuit Thérèse MacKinnon:

C'étaient parfois de véritables théâtres bien organisés, parfois des salles paroissiales modestes, quand ce n'était pas des sous-sols d'églises. Il nous est arrivé de jouer dans des arénas, par exemple à l'aréna d'Alma, qui était froid et humide (je devais repasser ma robe pour la réchauffer), mais qui était rempli à pleine capacité, trois jours consécutifs.» Aussi son traitement, qui avait été de cinq dollars au début de sa carrière, s'était-il élevé pour atteindre la somme de cent vingt-cinq dollars par semaine, toutes dépenses payées, ce qui lui permettait d'envoyer cent dollars par semaine à sa mère qui en avait bien besoin. *Aurore* n'était pas la seule pièce inscrite dans les tournées. «On partait avec *Aurore* parce qu'on était sûr de faire de l'argent, puis on revenait avec une autre pièce.»

La pièce recevait partout un accueil enthousiaste. Cet enthousiasme, après les représentations, s'exprimait par des sentiments de pitié: «Des gens voulaient m'adopter, m'offraient des fleurs, de l'argent», ou encore par des sentiments de vengeance et de colère à l'égard de la marâtre. Ce fait est attesté aussi par Rose Rey-Duzil et par Lucie Mitchell qui racontent qu'elles devaient quitter le théâtre par l'arrière, rapidement et discrètement, devant parfois s'engouffrer dans un taxi, pour échapper aux insultes des gens.

Ce rôle ingrat de la marâtre fut longtemps assumé par Lucie Mitchell, de son vrai nom Lucie Dumouchel. À la fin des années 1940, elle remplace Nana de Varennes, dans le rôle de la marâtre, qu'elle tient aussi dans le film. Rôle ingrat pour elle-même au moment des représentations et même à plus long terme: sa propre carrière s'en trouva compromise. L'identification à la marâtre avait été tellement forte dans l'esprit des spectateurs que Lucie Mitchell en fut pour ainsi dire stigmatisée.

Parmi les spectateurs qui virent la pièce *Aurore, l'enfant martyre*, il y en eut un cependant qui ne pouvait s'y méprendre. Marc Forrez raconte qu'un jour qu'ils jouaient la pièce à Manseau, à proximité de Fortierville, il vit un type qui lisait l'affiche à la porte de la salle. Le propriétaire du théâtre lui dit: «C'est lui, Télesphore Gagnon, menuisier entrepreneur qui travaille près d'ici.» Télesphore assista à la pièce qui lui mit sous les yeux les événements vécus près de trente ans auparavant. «Il ne fut pas fâché, dit Forrez. Après la représentation, il eut le mot suivant: "C'est ça et c'est pas ça", étant sans doute le seul capable de mesurer toute la différence entre le drame vécu et sa dramatisation.» (Interview de Marc Forrez, le 22 juin 1978)

Censeurs et critiques

Le simple inventaire des représentations, des reprises et des tournées d'*Aurore, l'enfant martyre* démontre l'accueil enthousiaste que reçut cette pièce auprès de la population francophone du Québec, du Canada et de la Nouvelle-Angleterre. Cet accueil fut-il unanime? N'y eut-il pas quelque protestation émanant du public ou de la population en général? On a vu comment la troupe Rollin-Nohcor, dans sa publicité, sentait le besoin de faire valoir la «grande moralité» de la pièce qu'elle interprétait. On insistait sur les éléments touchant la foi et la morale: confession et mort édifiante de l'enfant, châtiment de la coupable, vision du Paradis, et pardon demandé pour les parents coupables dans une apparition ultime de la pauvre martyre désormais bienheureuse. Il n'en fallait guère davantage pour que des gens simples ne fissent d'Aurore une sorte de sainte, dont le destin bienheureux était évoqué par le titre même de la pièce : *l'enfant martyre*.

Dès 1921, des voix s'élèvent pour protester contre l'utilisation qu'on faisait d'un procès sensationnel encore présent dans tous les esprits. Des critiques dramatiques, des édiles municipaux, certains auteurs marquèrent leur désapprobation et leur vive opposition à une telle forme de sensationnalisme. Deux mois après la création de la pièce à l'Alcazar, le critique dramatique de *La Patrie* intitule son article : « Les spectacles qu'on devrait prohiber à Montréal et partout ».

> On nous informe qu'un groupe d'amateurs a joué quelque part à Montréal, cette semaine, une pièce fabriquée autour de la lamentable affaire Gagnon, de Québec. Et l'on ajoute que les recettes ont dû être fructueuses, puisque la salle de ces spectacles était remplie tous les soirs.
>
> Eh bien, voilà certes un cas de flagrant délit, contre le bon théâtre, contre l'honneur de la race et même contre la morale. Comment, parce que deux dégénérés se sont ligués pour martyriser une malheureuse enfant, au point de la faire mourir, parce qu'ils ont été arrêtés puis jugés, et qu'ils ont payé ou paient leur dette envers la société, il faut qu'un auteur dramatique (????) ait le culot de ramasser toutes ces misères, toute cette honte, pour en faire un spectacle destiné à attirer la foule, toujours avide de spectacles pimentés, même si le choix en est plutôt dégoûtant. (*La Patrie*, 12 mars 1921, p. 22)

Le succès populaire de la troupe Rollin-Nohcor provoquait l'envie d'autres troupes ou groupes de théâtre d'un niveau culturel plus élevé. Ainsi lit-on sous la plume de Jean Desprez, en 1945, lors d'un retour d'une soirée théâtrale à Hull, les lignes suivantes: «Une déception: partout, dans Hull, des affiches d'*Aurore, l'enfant martyre*. Il me semblait que le public de Hull n'en était plus à cette période des "beurrées de savon". » («Le Théâtre», dans *Radiomonde*, le 27 octobre 1945, p. 7)

Dans l'ensemble, la critique littéraire se tait devant toute forme de paralittérature. Monseigneur Camille Roy, qui accorde peu de place aux œuvres dramatiques dans son *Manuel d'histoire de la littérature canadienne-française*, n'allait certes pas consacrer une seule ligne à la pièce *Aurore, l'enfant martyre*. Jean Béraud, chroniqueur dramatique de *La Presse*, mentionne en passant le succès d'*Aurore* comme un signe de la lente évolution de la mentalité des Canadiens français face au théâtre. Il souhaite ardemment l'éclosion d'une véritable dramaturgie nationale; *Aurore, l'enfant martyre* se situe aux antipodes de ce qu'il préconise.

Jacques Ferron sera l'un des premiers écrivains à s'intéresser de près à la pièce. À l'automne 1950, dans une conférence intitulée *Notre théâtre*, devant le congrès des écrivains du Québec tenu à Saint-Sauveur-des-Monts, Ferron met l'accent sur le phénomène de l'identification scène-salle, la réaction du public étant la plus importante à ses yeux. Le succès d'une pièce est «un aveu du public», qui se reconnaît en tel ou tel personnage.

> Aurore, l'enfant martyre triompha à une époque où la mortalité infantile était effroyable, où la Bolduc réchappait quatre enfants sur treize, et c'était une bonne mère. Il y avait en permanence, à la porte des théâtres, une foule de spectres muets, d'âmes inachevées qui n'avaient pu y trouver place et refluaient

dans la rue. Les bonnes femmes des quartiers populaires devaient traverser cette foule hostile pour aller occuper leurs sièges. Elles n'étaient pas des marâtres. Pourtant, le rideau levé, dans l'ombre de la salle, c'étaient elles qui faisaient manger à Aurore le pain de l'amertume, la beurrée de savon. Quelle est la signification de ce mélodrame? On préférerait qu'il n'y en ait pas. Aurore, l'enfant martyre, quelle horreur, quelle insanité! Là-dessus nos beaux esprits furent toujours unanimes. Pourtant, c'est une œuvre précieuse. Un aveu, bien sûr: la mission du théâtre en ce pays, à cause de la fausseté régnante, est de faire remonter au grand jour, par une sorte de psychanalyse, l'âme refoulée du peuple. Un aveu de culpabilité collective. La marâtre, c'était tout simplement la bonne terre du Québec jusque-là maternelle, encore débordante de vitalité mais trahie au cœur même de sa génération, qui ne pouvait plus prendre soin de ses enfants et les voyait s'exiler, se perdre par centaines de milliers. (Jacques Ferron, «Un miroir de nos misères. Notre théâtre», dans la *Revue socialiste*, Montréal, printemps 1951, p. 28-29)

Le film (1951)

Un bon nombre des renseignements consignés dans les présentes pages nous ont été fournis par Marc Forrez, que nous avons interviewé à plusieurs reprises dans sa retraite à Loretteville, en banlieue de Québec.

Après la mort d'Henri Rollin en 1942, Louis Préville obtint de Marcelle Briand-Dairou le privilège exclusif de jouer la pièce *Aurore, l'enfant martyre*, en lui versant des droits d'auteur, dix dollars pour chaque représentation. Forrez offrit à Préville de refaire la pièce, en laissant tomber les scènes comiques qu'il considérait comme des hors-d'œuvre. Forrez fit alors avec Préville une grande tournée, dans une production de Paul Duaner, nom inversé de Renaud, imprésario de Montréal. Selon Berthe Dairou, fille de Marcelle Briand-Dairou, Préville avait commencé la rédaction du roman *Aurore, l'enfant martyre*. À la mort de Préville, ce texte inachevé fut remis à Marc Forrez.

Au début de février 1951, J.-Alexandre de Sève, propriétaire de France Film, demanda à Forrez d'écrire un roman à partir de la pièce bien connue, dans le but d'en faire une adaptation cinématographique. Dans les semaines qui suivirent, Forrez écrit le roman *La petite Aurore* et en tire le scénario du film que M. de Sève achète *pour un dollar et autres valables considérations*. Selon Berthe Dairou, il versa en fait la somme de 1500 $ dont une moitié, 750 $, alla à sa mère pour les droits rattachés à la pièce et au titre de la pièce, et l'autre moitié à Forrez.

Le film fut produit par France Film au cours de l'été 1951, à preuve, cette légende qui accompagne une photo parue dans *Radiomonde*, sous le titre « Bigras, l'enfant martyr ! ».

> Sous l'une des plus chaudes températures de l'été 1951 a débuté le tournage de l'un des meilleurs classiques canadiens, *Aurore, l'enfant martyre*. Ce film, qui sera projeté sur nos écrans à l'automne, est dû principalement à Jean-Yves Bigras. Ce dernier, l'un de nos plus habiles réalisateurs radiophoniques, est à réussir le coup de maître de faire un grand film avec un budget très restreint. Ses principaux artistes sont Lucie Mitchell, Paul Desmarteaux, Yvonne

Laflamme et Roch Poulin, le jeune fils de 10 ans d'Henri Poulin. C'est sur l'île Bizard que sont tournés presque tous les extérieurs. On voit ici une scène d'intérieur filmée dans les studios de la Côte-des-Neiges. (*Radiomonde*, 28 juillet 1951, p. 16)

Au début de novembre 1951, Télesphore Gagnon apprend qu'on prépare un film sur *Aurore*. Avec dix autres requérants membres de sa famille, il présente une requête d'injonction visant à interdire le film. Cette demande, contestée par France-Film, aboutit à un procès qui débute le 13 novembre. Les artisans de cette production font valoir le caractère fictif du film et la notoriété de la pièce jouée des milliers de fois depuis trente ans sans protestation aucune de la famille. Le 6 décembre 1951, la compagnie France-Film obtient gain de cause devant le juge Édouard-Fabre Surveyer, de la Cour supérieure, et pourra, par conséquent, présenter le film intitulé *La petite Aurore, l'enfant martyre*.

Le film fut présenté en grande première mondiale le vendredi 25 avril 1952 au théâtre Saint-Denis de Montréal. Il avait coûté 75 000 $ et fit ses frais dès les cinq premières semaines, car il fut présenté en même temps dans quatre autres villes: Québec, Trois-Rivières, Sherbrooke et Hull. Traduit en plusieurs langues, il a connu une carrière étonnante, jusque dans la lointaine Asie! Le roman, tiré à 20 000 exemplaires, sortit en même temps que le film et, selon Forrez, fut un grand succès de librairie.

La partition reconstituée

Dans la partition que nous avons reconstituée, les « trous » les plus importants se situaient au premier acte, qui semblait avoir été l'objet d'adaptations successives, selon le nombre ou selon la disponibilité des comédiens. Par exemple, après la scène du petit-déjeuner qui ouvre la pièce, une version faisait intervenir (scène 2) les personnages d'Abraham et de Catherine. Une fois sortie la marâtre, qui s'en va chercher une livre de beurre, il y avait une scène de flirt, jeu comique entre les deux fiancés, qui se terminait par un *bec en pincette*, suivi ou non d'une chanson. Ensuite, Abraham s'en allait et Catherine découvrait le piteux état d'Aurore. Or nous n'avons pas le texte intégral de cette scène. Une visite chez Mme Lucie Mitchell, à l'hiver 1980, me permit de retrouver certaines répliques, mais sans que je puisse reconstituer intégralement cette variante de la scène 2 (que nous donnons en annexe). L'autre version de la scène 2, relativement complète, mettait en scène seulement Catherine et la marâtre alors qu'Aurore est couchée dans un coin. Cette élimination d'Abraham au premier acte fut le résultat de circonstances de production — tel comédien n'arrivant que tardivement, pendant la représentation — ou bien le résultat d'une modification, plutôt réductrice, touchant le contenu même de la scène. Marc Forrez reconnaît avoir supprimé des éléments comiques de la pièce pour n'en conserver que la suite pathétique qui, à ses yeux, était l'essence même du drame. Là où il y avait initialement alternance d'éléments dramatiques et d'éléments comiques (ce que l'on retrouve dans la deuxième partie, « Le procès de la marâtre »), nous sommes ici en présence d'une partition relativement grave, hormis les échanges pittoresques entre le juge et les deux témoins originellement «comiques», Abraham et Catherine.

Une comparaison entre les diverses distributions qu'a connues *Aurore* nous renseigne sur les variantes qui ont pu marquer l'évolution de la pièce. Lors de sa création, en janvier 1921, le corps principal de la troupe Petitjean-Rollin-Nohcor est constitué de six ou de sept comédiens: la petite Lucienne, puis Simonne de Varennes, Mmes Amanda d'Estrée et Marcelle Briand, MM. Nohcor, Rollin, Petitjean et Émile. Trois femmes, quatre hommes. Rollin joue le personnage du père, Petitjean, le curé, Nohcor, Abraham, «rôle comique» dit-on explicitement, alors que Mme d'Estrée joue la marâtre, Marcelle Briand, Catherine, et la petite de Varennes, Aurore. Lorsque s'ajouta une seconde partie, *Le procès de la marâtre,* il fallut distribuer les rôles nouveaux du juge, des avocats, du juré ou des jurés. Le personnage de Télesphore, important au premier acte, s'estompe dans la seconde partie, n'apparaissant que pour une brève entrevue avec son épouse.

Dans une ville comme Montréal, où l'on disposait d'un plus grand nombre de comédiens ou de figurants, on pouvait se permettre d'augmenter la distribution. Les six ou sept comédiens qui, en tournée, selon Thérèse MacKinnon, assumaient tous les rôles, c'est-à-dire les onze personnages essentiels au drame, recevaient parfois du renfort à Montréal, comme l'atteste la distribution suivante, à treize personnages-treize comédiens, pour la semaine du 17 avril, vraisemblablement de 1950 ou de 1951, au Théâtre National:

Aurore	THÉRÈSE MACKINNON
La marâtre	GERMAINE GERMAIN
Catherine	NANA DE VARENNES
La garde-malade	SUZANNE SIMON
Télesphore (le père)	ROLAND JETTÉ
Le curé	JEAN-PAUL DAZÉ
Abraham	ARMAND LACROIX
Le juge	ADRIEN LAURION
Avocat de la défense	MARC FORREZ
Avocat de la couronne	PIERRE AVRIL
Gérard, frère d'Aurore	GILLES JETTÉ
Le greffier	GABRIEL COLLIN
Le huissier	JIMMIE BUSSIÈRE

Dans cette production faite par Forrez, la pièce porte en sous-titre *Mélodrame en quatre actes*, avec les indications suivantes: 1er acte *Le martyre*; 2e acte *La mort*; 3e acte *La preuve*; 4e acte *Le châtiment*.

Voyant cette élasticité de la distribution, on comprend les variantes de la partition qui peut se réduire aux scènes essentielles, avec les onze personnages et leurs répliques respectives. Certains bouts de texte ou de scène n'ont qu'une signification accessoire, par exemple cette brève présence du petit Gérard qui, au premier acte «après la sortie du père», vient saluer Aurore avant de partir pour l'école: scène le plus souvent éliminée par l'usage, car on ne disposa que rarement d'un jeune comédien tel que Gilles Jetté pour interpréter ce rôle en première partie.

En somme, dans cette entreprise de reconstitution, nous avons conservé tels quels les éléments du texte qui étaient complets et cohérents. Nous avons emprunté au roman qu'Émile Asselin (Forrez) a publié sous le titre de *La petite Aurore* et à la bande sonore du film, tous deux inspirés du texte original de la pièce, quelques fragments de répliques que s'échangent la marâtre et Catherine (acte I, scène 2) et les répliques qui précèdent et suivent la mort d'Aurore (acte II, scène 3), en accord avec les réminiscences de Lucie Mitchell et de Thérèse MacKinnon elles-mêmes. Dans chaque cas, il s'agissait de combler des phrases brèves dont nous n'avions que les deux ou trois derniers mots.

Nous avons maintenu ici le découpage en quatre actes parce qu'il semble prédominer dans l'ensemble des partitions fragmentaires qui nous ont été transmises. Les deux «tableaux» du quatrième et dernier acte s'insèrent dans un même mouvement orienté vers la peine de mort présentée comme une menace (les trois «confidences» à la marâtre), comme une nécessité (plaidoirie de l'avocat de la Couronne), comme un fait (le verdict prononcé par les jurés, puis par le juge). Cette segmentation en quatre actes rejoint la genèse même du texte qui s'est constitué en deux temps, en deux pièces même : *Aurore, l'enfant martyre*, en deux actes, puis, quelque temps après, *Le procès de la marâtre*, en deux actes également. Marc Forrez a lui-même conservé ou rétabli la division en quatre actes inscrite, on vient de le voir, sur le programme de la production de la pièce au Théâtre National, au début des années 1950.

La présente partition d'*Aurore, l'enfant martyre* peut sembler incomplète dans la mesure où elle ne livre pas tout ce qu'ont pu receler les différentes versions, mais elle est cohérente et tout à fait authentique parce qu'elle provient directement du fond initial que se transmettaient les comédiens depuis sa création. La rareté ou la sobriété des indications scéniques (p. ex. : *jeu de scène*) laisse toute la place à une tradition qui fut celle des comédiens eux-mêmes: tradition orale que l'intégrité même du texte nous demande de respecter.

Lecture et interprétation de la pièce

Si l'on tente, selon la méthode d'analyse actantielle de Greimas, de résumer en quelques mots l'action d'*Aurore, l'enfant martyre,* on s'aperçoit qu'il est difficile d'en faire une phrase simple (sujet - verbe - complément ou objet). Le titre, dont la fonction est de résumer cette action, met l'accent sur le personnage d'Aurore, en tant que victime pitoyable: *l'enfant martyre*. L'adjectif *martyre* semble avoir ici une connotation sacrée, religieuse ou sublime. Cette focalisation initiale sur Aurore reste présente à travers toute la pièce. Mais le personnage central, ou, si l'on veut, « l'autre personnage central », est en fait la marâtre. Aurore reste présente comme « objet »: la marâtre est la plus présente comme « sujet ». Tout cela vaut pour la première partie, qu'on pourrait résumer comme suit: la marâtre (sujet), aidée de son mari (adjuvant), martyrise sa belle-fille Aurore (objet), qui meurt, en dépit des efforts ultimes de la société: des voisins Abraham et Catherine, du curé et du docteur, qui sont « opposants », mais trop tard. Dans la seconde partie, intitulée *Le procès de la marâtre,* la belle-mère coupable devient objet de la sanction de la société. Le véritable sujet de la seconde partie est la société elle-même qui entreprend une quête de justice, avec tout l'appareil judiciaire inhérent à un procès, qui aboutit à la condamnation de la marâtre. La phrase résumant cette seconde action pourrait se lire comme suit: la société (sujet), représentée par le juge, mais aussi par l'avocat de la Couronne, par les témoins Abraham, le curé, Catherine et Gérard, condamne la marâtre à la peine de mort (objet), malgré l'opposition de l'avocat de la défense. Télesphore, complice dans la première partie, devient plutôt opposant à la marâtre dans la deuxième partie. Et, paradoxe susceptible de nourrir une interprétation féministe de la pièce, la condamnation réelle de Télesphore n'est pas retenue par les auteurs comme élément intégré à la seconde partie du drame : le mari, pourtant complice et donc coupable, semble s'en tirer à bon compte, c'est-à-dire par le silence sur sa condamnation.

Si l'on veut résumer en une seule phrase les deux mouvements de la pièce, on obtient la manchette suivante : « Une marâtre, reconnue coupable de la mort de sa belle-fille, est condamnée à la peine capitale. » Quant à l'évolution des forces en présence, elle est conduite d'une façon fort habile qui démontre la longue expérience du théâtre des auteurs Petitjean et Rollin. Ces comédiens savaient d'instinct ce qui passait la rampe et ce qui ne passait pas. Ils ont bien sûr retenu ce qui passait, faisant alterner, entre autres, les moments de cruauté avec les moments de détente, les moments de drame avec les moments d'espoir.

Dans la première partie, la marâtre trouve mille prétextes pour châtier et martyriser Aurore. Télesphore, son complice plus ou moins conscient, fait figure de manipulé, tandis que la marâtre est manipulatrice. À partir du moment où il y a transmission de savoir d'Aurore à Catherine, qui apprend ce qui se passe vraiment, on atteint une sorte d'équilibre entre les forces en présence. La force du mal, incarnée par la marâtre, se trouve désormais menacée par les forces du bien, c'est-à-dire par la société : voisins, prêtre, médecin et, éventuellement, Télesphore lui-même devenu enfin conscient des malheurs qu'il a contribué à infliger à sa fille. C'est alors que la marâtre, jusque-là sujet, devient peu à peu objet, mouvement qui ira s'accentuant jusqu'à la fin où elle ne trouvera plus rien à répondre au juge. La première partie se termine sur un malheur, la mort d'Aurore, transformé immédiatement en apothéose par une atmosphère quasi surnaturelle : la martyre devient une élue du Paradis.

Cette finale temporaire, presque éthérée, se transforme dans la seconde partie en une implacable revanche de la société elle-même, qui ne peut évidemment tolérer en son sein un être aussi cruel que la marâtre. Les témoins se succèdent, confirmant, l'un après l'autre, la série noire des tortures infligées à Aurore. L'avocat de la Couronne, les jurés, le juge lui-même ont un rôle facile : les preuves sont accablantes. Et la sentence, bien préparée, bien attendue par la foule même des spectateurs, est rendue avec solennité : *coupable de meurtre, peine de mort*.

Cette dualité de l'action est appuyée sur une dualité temporelle et spatiale. Il y a deux temps et deux espaces représentés : celui où se déroule la mort d'Aurore, la cuisine d'une maison de ferme pour les deux premiers actes ; et celui du procès, la salle d'audience d'un palais de justice pour la seconde partie. La partition n'indique pas d'intervalle, mais on sait que, en réalité, il s'écoula deux mois entre la mort d'Aurore (12 février 1920) et la condamnation de la marâtre (22 avril 1920).

La psychologie des personnages est élémentaire et conserve quelque chose du « grand guignol », terme qui revient spontanément sur les lèvres de plusieurs comédiens interviewés, pour désigner leur jeu ou celui des autres. Forrez désigne ainsi la première mouture de la pièce ; J.-Léo Gagnon évoque le grand comédien que fut Adrien Laurion dans le personnage du juge, qui donnait sa sentence en trois mouvements, debout, penché, puis écroulé pour la finale, comme une sorte de marionnette à la fois solennelle et ridicule. Thérèse MacKinnon emploie aussi des termes analogues. Ces personnages, en fait, sont définis par leurs fonctions plus que par des caractéristiques humaines, individuantes et complètes. Hormis la marâtre, qui est un cas d'espèce et dont le comportement mérite approfondissement, car il reste problématique, les autres personnages sont des « délégués » destinés à représenter des catégories ou des professions sociales stéréotypées.

Tous ces personnages s'expriment dans un français correct, avec quelques expressions du terroir. Les voisins, Abraham et Catherine, emploient un langage plus populaire, parfois plus déformé, pour faire rire la galerie. D'autre part, le curé, le docteur, le juge, les avocats, ont un langage plus châtié qui est parfois mis en contraste avec celui des témoins, Abraham et Catherine, par exemple. Les notables s'expriment avec une sorte d'*onction*, cléricale ou doctorale, perceptible dans les conseils et remontrances du curé, dans les constats du médecin, alors que les avocats et le juge, dans leurs interventions, utilisent une emphase pathétique où se trouvaient tout à fait à l'aise des comédiens tels que Préville, Laurion, Forrez.

À cet égard, *Aurore, l'enfant martyre* rejoint les mélodrames de l'époque où l'on emploie un français normatif et relativement soigné, si on le compare au langage populaire québécois dont on verra l'apparition sur scène beaucoup plus tard. En fait, les gens du peuple, dans *Aurore*, n'ont pas une grande liberté de parole. Ils sont dominés, du commencement à la fin, par les pouvoirs (religieux, médical, judiciaire) des notables qui, plus instruits, gardent le haut du pavé. L'apparition de la petite Aurore au moment du procès fait appel à une forme de merveilleux conforme à l'idéologie catholique dominante à l'époque. Les références à cette idéologie sont tantôt implicites, tantôt explicites ; malgré l'appel final au pardon, elles contribuent à étoffer un discours dont l'essentiel est qu'il faut rétablir l'ordre et la justice en exécutant la coupable.

On peut regretter que les comédiens-dramaturges n'aient pas jugé bon de retenir comme élément de la pièce l'expertise médicale qui, lors du procès réel, tenta (vainement) d'établir le déséquilibre et la non-responsabilité de la marâtre. Ils auraient de la sorte approfondi la psychologie du personnage principal, la marâtre, et prolongé l'action du mélodrame.

Ces considérations nous amènent à formuler la question suivante : la pièce *Aurore, l'enfant martyre* est-elle vraiment un mélodrame ? Tout dépend de ce qu'on entend par mélodrame. Si le terme, à son origine, a pu désigner « une œuvre dramatique accompagnée de musique », selon l'étymologie même de *melos*, chant, et de *drama*, action, le *Robert* retient la définition suivante : « drame populaire dont, à l'origine, un accompagnement musical soulignait certains passages et que caractérisent l'invraisemblance de l'intrigue et des situations, la multiplicité des épisodes violents, l'outrance des caractères et du ton. »

Cette définition met l'accent sur la dimension « populaire » d'un tel drame. Dans la première mouture de la pièce, on constate la place importante des éléments comiques et musicaux, telles les chansons amusantes, qui contribuaient à en faire un véritable mélodrame, au sens premier du terme. On retrouve plusieurs éléments de la définition dans *Aurore* (accompagnement musical des trois chants, violence des tortures infligées à l'enfant, outrance du caractère de la marâtre), sauf sur un point qui demeure important: «l'invraisemblance de l'intrigue». L'une des caractéristiques de l'action, et une raison évidente de son succès, est précisément sa vraisemblance. *Aurore* est la transposition à peine stylisée de faits connus qui s'étaient déroulés au Québec peu auparavant. Cette référence directe à la réalité d'un crime fortement médiatisé atténue l'aspect mélodramatique de l'action et en accentue la gravité dramatique. En sous-titre, dans les annonces, on l'appelle *drame* autant que *mélodrame*. L'expurgation des éléments comiques ou pittoresques dans les versions subséquentes, faites notamment par Marc Forrez, a finalement donné une représentation grave et pathétique de ce «martyre», évidente dans le film. Tout cela n'empêcha pas le phénomène d'identification des foules avec un drame où les personnages eux-mêmes cessaient parfois de faire partie de la fiction: des spectateurs voulaient s'en prendre à la comédienne jouant la marâtre, d'autres voulaient adopter Aurore!

Le succès de la triste histoire d'Aurore Gagnon au théâtre, au cinéma et dans la culture populaire n'a pas fini de faire couler de l'encre. La dramatisation facile d'un fait divers sensationnel, qui avait fait la manchette des principaux journaux du Québec, fut maintes fois blâmée par des critiques ou par des corps municipaux qui réclamaient l'interdiction d'une telle utilisation abusive. Doit-on voir dans ce succès théâtral répété (égalé de nos jours par la seule comédie *Broue* jouée constamment depuis 1979) une forme de résistance et d'affirmation de la culture populaire, face à la domination de la culture savante propre à la classe privilégiée? Poser la question, c'est déjà esquisser une réponse!

Un tel constat, à mon avis, nous interdit d'élaborer une interprétation symbolique, collective ou misérabiliste, du phénomène culturel lui-même et de sa survie spectaculaire. Analyser le succès d'*Aurore, l'enfant martyre* dans une perspective ethnocentrique, comme le symbole de l'aliénation collective du peuple québécois, ainsi que le suggérait Ferron en 1950 (interprétation qui m'a jadis influencé dans un article du *DOLQ*, tome II, pour un bref paragraphe que je bifferais aujourd'hui!), ou y voir comme un autre auteur la «voie de service obligée de tous les racismes», me paraît aujourd'hui une projection aberrante et indéfendable. À la même époque, des films populaires et des mélodrames analogues remplissaient avec succès des salles en France, en Angleterre, en Belgique, aux États-Unis... Nul n'oserait soutenir aujourd'hui que l'ethnie, le colonialisme ou la domination politique puissent expliquer l'engouement des spectateurs de tous les pays se pressant en file à la porte des cinémas où s'affichent le plus récent *Dracula* et les violences sensationnelles des plus récentes productions américaines!

Cela dit, on doit reconnaître que les boucs émissaires choisis comme héros (ou anti-héros) par les dramaturges subséquents du théâtre québécois depuis Fridolin, Tit-Coq, le simple soldat Latour, Marie-Lou, jusqu'au prostitué juvénile de *Being at home with Claude*, conservent tous l'une des caractéristiques d'Aurore: ils ont la particularité de faire pitié. D'autres diront : d'incarner le misérabilisme. Mais comme l'un des buts du théâtre est d'émouvoir et de susciter la terreur, la pitié, le rire ou les larmes, ce constat nous renvoie à Aristote et à l'essence même du théâtre !

Alonzo Le Blanc

AURORE, L'ENFANT MARTYRE

PERSONNAGES

La marâtre (ou la mère)
Télesphore, le père
Aurore
Catherine, une voisine
Abraham, un voisin, fiancé de Catherine
Gérard, enfant, demi-frère d'Aurore
Le curé
Le médecin
Le juge
L'avocat de la défense
L'avocat de la Couronne
Le juré (ou les jurés, selon les dimensions de la salle)
Le greffier
Le huissier (personnage facultatif)
La garde-malade

PREMIÈRE PARTIE

Le martyre d'Aurore

PREMIER ACTE

SCÈNE 1

L'action se passe dans la cuisine d'une maison de ferme. La marâtre allume la lampe; elle met du beurre dans la poêle.

MÈRE

Six heures. Elle n'est pas encore levée. Il paraît qu'on fait la paresse ce matin. Télesphore, il est six heures, c'est pas le temps de barlander[1].

TÉLESPHORE

(En coulisse.) Je ne barlande pas, femme, je suis en train de me chausser.

MÈRE

Je n'ai jamais vu un homme comme ça quand il s'agit de se dépêcher. Je ne sais pas quelle idée folle j'ai eue de l'avoir épousé. Il est vrai qu'il avait un peu de bien, et puis il avait une fille, ce qui fait que je suis déjà belle-mère. Elle mange le pain de mes enfants, cette

---

1. Barlander, de berlander, canadianisme : « tergiverser, hésiter à prendre un parti », ou encore : « flâner, paresser ».

47

bouche inutile. Si le Bon Dieu ou le Diable pouvait l'emporter, j'en serais débarrassée. Allons, il faut réveiller la demoiselle, maintenant. Allons, lève-toi. Ah, tu ne veux pas te lever ! Attends, je vais te secouer les puces.

AURORE

(Mourante.) Madame...

MÈRE

Va au poulailler chercher des œufs pour le déjeuner de ton père.

AURORE

J'peux pas, j'suis malade à matin.

MÈRE

Allons donc ! tu n'es qu'une paresseuse. (À *Télesphore.*) Allons ! Viens donc lever ta fille qui flâne dans son lit.

TÉLESPHORE

(Entrant.) Allons, Aurore, écoute ta mère.

AURORE

Oui papa. *(Elle sort au fond.)*

TÉLESPHORE

Dépêche-toi, femme, je suis pressé à matin.

MÈRE

Ça ne sera pas long, juste le temps de faire cuire un œuf. Veux-tu des patates ? *(Elle met l'œuf dans la poêle.)*

TÉLESPHORE

Non, non, j'ai pas le temps d'attendre ça.

MÈRE

J'ai jamais vu une enfant comme ça. J'ai beau faire tout ce que je peux, j'en ferai rien de bon. As-tu vu, elle a oublié de faire sa prière.

TÉLESPHORE

Tu l'as tant pressée, aussi.

MÈRE

Qu'importe, ce ne sont pas les miens qui oublieraient de la faire; et puis ils ont été se confesser hier, il n'y a pas de danger que la tienne fasse comme eux.

TÉLESPHORE

Il faudra bien qu'elle fasse comme les autres, on va l'élever cette enfant-là. Et si je m'en mêle! *(Il frappe sur la table.)*

MÈRE

La voilà.

TÉLESPHORE

Femme, je vais chercher mon chapeau et mon manteau que j'ai oubliés dans la chambre. *(Il sort.)*

MÈRE

Tu y as mis le temps : les œufs n'étaient pas pondus ?

AURORE

(Rentre au fond.) J'ai pris rien que le temps d'aller les chercher, madame!

MÈRE

Veux-tu te taire, répliqueuse, sinon tu vas baiser ma main.

TÉLESPHORE

(Entrant.) Qu'est-ce qui y a donc encore?

MÈRE

C'est ta fille, à qui on ne peut rien dire sans qu'elle m'embarque sur le dos. J'ai beau faire tout ce que je peux, voilà comment je suis récompensée.

TÉLESPHORE

Je vais lui parler, tu vas voir que ce ne sera pas la même chose. Viens ici, Aurore; veux-tu avancer quand je te parle. *(Il la prend par le bras.)*

MÈRE

La magane pas pour moi, tu sais.

TÉLESPHORE

Laisse-moi faire, femme, il faut qu'elle t'obéisse.

MÈRE

Comme tu voudras, c'est toi qui es le maître.

TÉLESPHORE

Écoute-moi, Aurore : la première fois que tu vas manquer de respect à ta mère, qu'est si bonne pour toi, c'est à moi que t'auras affaire, as-tu compris ?... Réponds, que je te dis ! *(Il lui serre le bras.)*

AURORE

Oui, papa.

TÉLESPHORE

Va te coucher. Allons, femme, dépêche-toi à faire mon déjeuner, je suis en retard. *(Aurore se couche.)*

MÈRE

Voilà.

TÉLESPHORE

Dis donc, femme, la Catherine Sirois, la vieille fille d'à côté, elle est-y venue payer son beurre qu'elle a pris la semaine passée ?

MÈRE

Non, de ce temps-ci, elle pense trop à son cavalier, le petit Abraham du quatrième rang.

TÉLESPHORE

Ah oui, je l'oubliais. Penses-tu que ça va coller, tous les deux ?

MÈRE

Il paraît qu'ils vont mettre les bans à l'église, et qu'ils vont se marier dans quinze jours, trois semaines. De ce temps-ci, c'est bien difficile de l'approcher.

TÉLESPHORE

Ah, j'pense ben que ça va lui faire une bonne femme.

MÈRE

Pour sûr, elle est économe, ménagère.

TÉLESPHORE

Ah oui, c'est pas une femme qui va jeter son argent par la fenêtre!

MÈRE

Non. Dis donc, Télesphore, ne dois-tu pas aller à la ville pour les assurances?

TÉLESPHORE

Oui, c'est vrai, ces saprés agents d'assurance-là, on dirait qu'ils ont peur de venir à la campagne. Ben, j'vas y aller! Et ce ne sera pas long... Dis donc, qu'est-ce qu'y avait ton petit? Il a pleuré toute la nuit. J'ai pas été capable de fermer l'œil.

MÈRE

Il est malade. Vaudrait mieux avoir le médecin.

TÉLESPHORE

Un docteur? Penses-tu que c'est nécessaire?

MÈRE

Sans doute. Si cet enfant mourait, nous serions responsables de sa mort. *(Elle va au poêle.)*

TÉLESPHORE

Ben, c'est bon, femme : en allant pour mes affaires d'assurance, j'arrêterai chez le docteur en passant.

MÈRE

Tu ne seras pas longtemps ?

TÉLESPHORE

J'vas y aller tout d'suite.

MÈRE

(À Aurore.) Voyons, toi, embrasse ton père, il faut tout lui dire, à cette enfant-là.

AURORE

(Elle se lève, va vers son père.) Bonjour, papa.

TÉLESPHORE

Bonjour, Aurore. *(Il l'embrasse, examine sa tête.)* Mais qu'est-ce qu'elle a donc, femme ? Elle a la tête plein de bobos, plein de gales ! On dirait des brûlures.

MÈRE

Des brûlures ? Où veux-tu qu'elle ait pris ça ?

TÉLESPHORE

J'ne sais pas, moi.

MÈRE

C'est pas des brûlures : c'est parce qu'elle est malpropre.

TÉLESPHORE

Tu crois que c'est ça?

MÈRE

Bien sûr. J'ai beau lui dire de s'entretenir la tête, elle ne veut pas.

TÉLESPHORE

En allant chez l'docteur pour ton petit, si j'emportais des remèdes pour elle, ça lui ferait peut-être du bien?

MÈRE

Mais non, elle n'a pas besoin de remèdes, mais de se nettoyer un peu.

TÉLESPHORE

Voyons, Aurore, peigne-toi, sois propre, écoute ta mère, fais la bonne fille. Bonjour, femme. *(Il sort.)*

MÈRE

Bonjour et ne sois pas longtemps. *(Elle se tourne vers Aurore.)* Maintenant, à nous deux: viens ici.

AURORE

J'peux pas, madame.

MÈRE

Viens ici. Veux-tu avancer que j'te dis!

AURORE

J'ai peur. J'ai tellement peur.

MÈRE

Tiens! *(Elle la frappe.)* Ça t'apprendra à m'écouter. Va te laver, sans cœur.

AURORE

Pourquoi ne faites-vous pas travailler vos enfants? C'est toujours moi qui fais tout ici, et quand il y a un bon morceau à manger, c'est eux qui l'ont.

MÈRE

Ah, tu es jalouse? Si tu penses que je vais priver mes enfants pour toi, tu te trompes. Tu mangeras ce que je te donnerai, et si t'es pas contente, tu t'en passeras. Va t'laver.

AURORE

Mais quand je vous dis que je suis malade à matin.

MÈRE

Ah, tu ne veux pas m'écouter? Je saurai bien t'y forcer. Tiens, touche ça.

AURORE

Non, non, madame : pitié! grâce!

MÈRE

Touche, que j'te dis!

AURORE

(Elle touche au tisonnier et tombe.) Ah!

MÈRE

Ça t'apprendra à m'obéir. Lève-toi, sans cœur. Si tu as le malheur de dire que je t'ai fait toucher le tisonnier, demain je te mets les mains sur le poêle. Va te coucher et ferme ta boîte. *(Aurore va se coucher.)*

SCÈNE 2

On frappe. Catherine entre.

MÈRE

C'est vous, Catherine: entrez donc.

CATHERINE

(Entrant.) Bonjour, Madame Chose, j's'rais ben venue avant, mais j'avais trop de commissions à faire.

MÈRE

Oui, je sais qui c'est.

CATHERINE

Comment, vous savez?

MÈRE

Vous savez bien que tout se sait dans le village... vous et Abraham, puis j'ai su autre chose: que vous étiez pour vous marier dans quinze jours ou trois semaines. Y avez-vous bien pensé?

CATHERINE

On y rêve jamais assez. C'est tout le plaisir qu'on a en attendant de l'avoir pour vrai.

MÈRE

Quoi c'que j'peux faire de bon pour vous à matin?

CATHERINE

J'aurais besoin d'une liv' de beurre si ça ne vous met pas de court.

MÈRE

J'en ai justement icitte, dans l'bord d'la cave. Je vais aller vous chercher ça tout de suite. *(Elle sort.)*

CATHERINE

(Apercevant Aurore, qui est couchée.) Mais regardez-moi cette pauvre petite fille qui est couchée là comme un chien. C'est drôle, mais moi je me méfie de cette femme-là. Chaque fois que je viens ici, la petite est toujours en guénilles, et toujours en train de pleurer, tandis que ses enfants à elle sont toujours gais, bien habillés, et en bonne santé. Je vais essayer de la questionner; après tout, ce n'est qu'une belle-mère. La petite, viens ici.

AURORE

Oui, mademoiselle.

CATHERINE

Dis-moi, ta belle-mère a-t-y bien soin de toi?

AURORE

(Hésitant.) Ben, oui...

CATHERINE

Ton oui ne me paraît pas ben ben franc. Tu sais, tu n'as pas besoin d'avoir peur que je le dise à ta belle-mère, je lui dirai pas, sois sans peur. Seulement, si tu me dis pas la vérité, tu vas être obligée de te confesser à Monsieur le curé, qui te refusera peut-être ben la communion.

AURORE

Je ne peux pas parler.

CATHERINE

Pourquoi ?

AURORE

Parce qu'elle a dit qu'elle me battrait plus encore si je parlais.

CATHERINE

Et ton père, lui, qu'est-ce qu'il dit de cela ?

AURORE

Mon père croit ce que ma belle-mère lui raconte ; puis quand je me plains, il me bat lui aussi.

CATHERINE

Si ce n'est pas effrayant de maganer une pauvre petite fille sans défense ! Et ça ose faire sa religion ! Qu'est-ce qu'elle t'a fait encore ?

AURORE

Tenez, l'autre jour, j'avais soif et elle m'a donné de la lessive ; puis, parce que je voulais pas la boire, elle m'a donné un gros coup sur l'épaule. Tenez, voyez, mademoiselle. *(Elle montre son épaule.)*

CATHERINE

Je serais en conscience si je n'allais pas le dire à Monsieur le curé. J'y vais tout de suite.

AURORE

Non, non, mademoiselle, ne dites rien, parce qu'a dit qu'a m'arracherait la langue si je parlais. *(Elle se couche.)*

CATHERINE

Ne crains rien, ma chérie, j'vas arranger ça drette-là. Va te coucher. *(On vient.)* Attention, la voilà!

MÈRE

(Entrant.) Tenez, voilà votre beurre, Mademoiselle Catherine. *(Pour elle-même.)* Tiens, elle n'a pas la même façon qu'avant: la petite aurait-elle parlé?

CATHERINE

Merci ben. Si cela ne vous fait pas de différence, je vous le paierai une autre fois.

MÈRE

Je ne suis pas pressée, prenez votre temps.

CATHERINE

Merci, Madame Chose.

MÈRE

(À Aurore.) Tiens, ma chérie, viens manger de la bonne crème avec du pain.

CATHERINE

(Sortant, pour elle-même.) La saprée hypocrite ! Je serais en conscience si je n'allais pas le dire à Monsieur le curé, puis je vais y aller tout de suite. *(À la mère.)* Bonjour, Madame Chose !

MÈRE

Bonjour. Pensez pas trop à votre cavalier.

CATHERINE

Il n'y a pas de danger, Madame Chose. Vous savez que c'est un veuf.

MÈRE

Oui.

CATHERINE

Oui, avec quatre enfants. Mais voyez-vous, j'aime les enfants, moi, je ne serai pas comme il y en a ben des belles-mères qui maltraitent les enfants de leur mari. Ah non, par exemple ! Ah, vous savez, Madame Chose, je ne dis pas cela pour vous. *(À part.)* M'as y pousser pareil... Puis, quand il y aura un bon morceau sur la table, chacun aura sa part, pas plus pour l'un que pour l'autre. Tiens, je suis en train de bavarder et j'ai bien des courses à faire. Bonjour, Madame Chose. *(Elle sort.)*

SCÈNE 3

MÈRE

(À Aurore.) Tu as parlé, toi!

AURORE

Non... non...

MÈRE

Tu as parlé, menteuse!

AURORE

Eh bien... oui...

MÈRE

Ah! c'est comme ça, ma bavarde! Tu sais ce que je t'avais dit: que je te mettrais les mains sur le poêle. Viens: je vais t'apprendre à te taire. Croyez-vous ce petit monstre qui va nous salir aux yeux des voisins? Tu vas voir comme je vais me venger. Ta crème que tu mangeais avec tant d'appétit, c'est pour mes enfants. Tu vas manger une bonne beurrée de savon. C'est bon pour toi.

AURORE

Non, non, pitié! Grâce! *(Elle répète ces mots. La mère lui met les mains sur le poêle. Aurore ne crie plus et tombe à terre.)*

MÈRE

Je vais t'en faire de la pitié! Tiens: mange ça!

AURORE

Pas ça, madame, pitié, grâce! J'peux pas manger cela.

MÈRE

Je saurai bien t'y forcer. Si je n'avais pas peur d'être pendue, je te tuerais tout de suite.

AURORE

Non... non... je vous en prie. *(Elle va se coucher.)*

SCÈNE 4

TÉLESPHORE

(En coulisse.) Oui, oui, c'est bien cela.

MÈRE

Voilà ton père. Si tu as le malheur de lui dire un mot, je te ferai mourir à petit feu. Va dans ton coin et ferme ta boîte.

TÉLESPHORE

(Entrant.) Je suis bien content, j'ai fini mes affaires bien plus vite que je pensais. Comment, tu pleures ?

MÈRE

Non, non.

TÉLESPHORE

Qui est-ce qui t'a fait de la peine ? C'est-y tes petits ?

MÈRE

Non, il y a longtemps que les miens sont partis pour l'école.

TÉLESPHORE

Et Aurore?

MÈRE

Elle n'a pas voulu.

TÉLESPHORE

Comment, elle n'a pas voulu?

MÈRE

Elle ne sait quoi faire pour me faire damner. C'est pour ça que je pleurais quand tu es entré.

TÉLESPHORE

(À Aurore.) T'as pas voulu écouter ta mère, toi?

AURORE

Papa, j'suis malade à matin.

MÈRE

Tu vois : elle ne sait quoi inventer pour ne pas obéir. Bien plus : elle a raconté à Catherine qu'on la battait. Si c'est pas effrayant!

TÉLESPHORE

Es-tu bien sûr de cela, femme?

MÈRE

C'est elle-même qui l'a avoué. Puis, il faut changer son lit tous les matins, à cette malpropre-là.

AURORE

Vous prenez les draps qui sont dans le lit de mon petit frère et vous les mettez dans le mien.

MÈRE

Tu oses dire que j'ai menti.

AURORE

Je dis que c'est pas le cas.

MÈRE

Si mes enfants te donnaient un démenti, cela ne se passerait pas comme ça.

TÉLESPHORE

Qu'est-ce que tu ferais?

MÈRE

Je les battrais assez que le sang en coulerait partout.

TÉLESPHORE

T'as raison, femme. Viens ici, Aurore. Viendras-tu quand je te le dis? *(Allant pour la frapper, il s'arrête.)*

AURORE

(Elle se lève, recule et a peur; se retrouve à genoux.) Non papa! *(Elle pleure.)* Pitié! Grâce, papa! *(Elle crie, tombe à terre, le père l'aide à se relever et la fait asseoir.)*

MÈRE

On voit bien que c'est ta préférée.

TÉLESPHORE

Mais non, voyons, crois pas ça.

MÈRE

Je crois ce que je vois. D'ailleurs, c'est tout naturel : tu as plus aimé ta première femme que moi.

TÉLESPHORE

Pourquoi la maganer ?

MÈRE

La maganer ! Tiens, regarde la crème que je lui faisais manger quand tu es entré ; et puis avec tout ce qu'elle raconte, on ne pourra plus mettre le nez dans le village.

On frappe à la porte.

TÉLESPHORE

Va voir qui c'est.

MÈRE

C'est Monsieur le curé.

TÉLESPHORE

Monsieur le curé ! Mais fais-le entrer.

SCÈNE 5

MÈRE

Ah! c'est vous Monsieur le curé: entrez donc.

CURÉ

Bonjour les amis.

MÈRE

(À Aurore.) Voyons, donne une chaise à Monsieur le curé, montre que tu es une petite fille bien élevée. *(Aurore donne une chaise au curé.)*

CURÉ

Mais où sont les autres enfants?

MÈRE

À l'école.

CURÉ

Aurore, pourquoi tu ne viens plus à l'église?

AURORE

Je ne vais pas à l'église *(elle regarde la mère)* parce que...

MÈRE

Elle n'est pas bien forte.

CURÉ

Tu es bien pâle. Serais-tu malade ?

AURORE

Non... Monsieur le curé.

MÈRE

C'est la croissance. Elle a tellement grandi, cette chérie. Mais elle est si bien choyée, si dorlotée. Et puis, elle ne travaille pas, elle se lève quand elle veut. Plutôt que de la voir se fatiguer, j'aimerais mieux passer toutes mes nuits à travailler.

AURORE

C'est vrai, Monsieur le curé.

MÈRE

Elle n'est pas pieuse.

CURÉ

Puisque je suis sur place, veux-tu en profiter pour te confesser ?

AURORE

Me confesser !

MÈRE

(En aparté.) De quoi qu'il se mêle, celui-là ?

####### CURÉ

Dis, le veux-tu?

####### AURORE

Je le veux bien, Monsieur le curé.

####### MÈRE

(En aparté.) Elle va tout lui raconter.

####### TÉLESPHORE

Viens, femme. *(Il l'entraîne vers la sortie.)*

####### MÈRE

Je voudrais bien entendre.

####### TÉLESPHORE

Viens, je ne veux pas avoir ça sur la conscience.

La mère et Télesphore sortent. Le curé s'assoit et Aurore vient s'agenouiller à ses pieds.

####### CURÉ

Tes parents ont-ils bien soin de toi?

####### AURORE

Mon père quelquefois...

####### CURÉ

Et ta belle-mère?

####### AURORE

Ma belle-mère... elle me bat.

CURÉ

Souvent?

AURORE

Tous les jours, Monsieur le curé, et même plusieurs fois par jour.

CURÉ

Et ton père?

AURORE

Mon père? Il venait de me fouetter quand vous êtes entré.

CURÉ

C'est pour ça que tu pleurais?

AURORE

Oh oui, Monsieur le curé, j'ai bien pleuré. Mais si ce n'était que ça.

CURÉ

Allons, allons, parle.

Musique très douce: le Rosaire, *sur orgue.*

AURORE

Ma belle-mère me fait boire de la lessive et manger du savon, me brûle les mains avec un fer rouge. J'ai les marques de ses coups sur tout le corps.

####CURÉ

Oh! la mégère!

####AURORE

Il y a des moments où je souffre tellement, Monsieur le curé, qu'il me semble que je m'en vais et que mon âme va quitter la terre.

####CURÉ

Non! Non! Cela ne sera pas.

####AURORE

Ne dites jamais à personne ce que je vous ai raconté, Monsieur le curé.

####CURÉ

Sois sans crainte, ma petite fille, et compte sur moi: je trouverai moyen de te sauver.

####AURORE

Oh oui, Monsieur le curé, sauvez-moi vite! vite! car je suis à bout de force.

####CURÉ

Surtout, conserve une grande confiance en Dieu. (*Il la bénit et l'aide à se relever. Aux parents.*) Venez, mes amis.

####TÉLESPHORE

Qu'est-ce que vous en pensez, Monsieur le curé?

CURÉ

Télesphore, ta fille est très malade, dangereusement malade!

TÉLESPHORE

Vous croyez, Monsieur le curé?

CURÉ

J'en suis sûr! Elle tient à peine sur ses jambes. En écoutant sa petite confession, tout à l'heure, je la regardais attentivement: ses yeux caves, cette figure creusée, cette voix défaillante, ça ne trompe pas! Elle est sérieusement atteinte, il faut voir un médecin sans retard. Si elle mourait faute de soins, tu aurais un crime sur la conscience. Quant à vous, Madame, soyez bonne pour elle. Je sais que ce n'est pas votre enfant, mais en épousant le père, vous avez fait d'elle votre fille et vous lui devez votre amour. D'ailleurs, j'ai remarqué tout à l'heure par vos bonnes paroles toute l'étendue de votre dévouement pour elle.

MÈRE

Vous pouvez compter sur moi, Monsieur le curé.

CURÉ

(À Aurore.) Ne te décourage pas, prie bien le bon Dieu, il t'aidera. *(À Télesphore.)* Toi, n'oublie pas mes recommandations.

TÉLESPHORE

Je n'oublierai pas, Monsieur le curé. Puisque vous allez par en haut, je pourrais peut-être embarquer avec vous, j'ai affaire par là.

CURÉ

Bien, sûr, v'nez-y. Bonjour, Madame.

MÈRE

Bonjour, Monsieur le curé.

Le curé et le père sortent.

MÈRE

(À Aurore.) T'as parlé, toi!

AURORE

Non!

MÈRE

Menteuse! T'as parlé, que j'te dis!

AURORE

Non!

MÈRE

Qu'est-ce que t'as dit? Dis-le moi! J'veux l'savoir!

AURORE

La vérité!

MÈRE

La vérité! Tu parleras plus jamais, j'vais t'brûler la langue!

Aurore crie de douleur.

RIDEAU

DEUXIÈME ACTE

SCÈNE 1

Quelques jours plus tard.

MÈRE

Neuf heures, elle n'est pas encore descendue cette fainéante de paresseuse. Quelle bonne idée que Télesphore a eue de l'avoir fait coucher dans le grenier! Ah! ce qu'elle va s'amuser avec les rats! Si encore ils pouvaient la mordre! On dit qu'une morsure de rat est empoisonnée; elle crèverait et j'en serais débarrassée, car depuis que le curé a dit cela l'autre jour, j'ai toujours peur que Télesphore aille chercher le médecin. S'il voyait la petite, on serait dans un bien mauvais drap. Ah! tu n'es pas encore descendue? Je vais te chercher, tu vas descendre, je t'en passe un papier. *(Jeu de scène.)*

TÉLESPHORE

(Entrant.) Qu'est-ce qu'il y a donc, femme?

MÈRE

Ben, c'est ta fille: non seulement elle ne veut pas se lever pour s'habiller, elle n'a même pas le cœur de prendre une chaise pour s'asseoir.

TÉLESPHORE

Elle n'a peut-être pas la force de le faire?

MÈRE

C'est des manières qu'elle fait.

TÉLESPHORE

On dirait qu'elle est sans connaissance... Aurore... Aurore... Je me souviens ce que disait Monsieur le curé: si cette enfant mourait faute de soins, nous aurions un crime sur la conscience. Non, je ne veux pas cela, femme, aide-moi à la déposer sur son lit. Maintenant, allons vite chercher le docteur.

MÈRE

Tu n'iras pas.

TÉLESPHORE

Songe donc à ce qu'a dit Monsieur le curé.

MÈRE

Il serait mieux de s'occuper de ses affaires, plutôt que de s'occuper d'une pauvre cervelle comme la tienne.

TÉLESPHORE

Allons, laisse-moi passer.

MÈRE

Encore une fois: non, non.

TÉLESPHORE

Je passerai de force. *(Jeu de scène et il sort.)*

MÈRE

La brute! C'est la première fois qu'il ose lever la main sur moi. La petite est là: si elle mourait... J'ai peur. *(Elle sort.)*

AURORE

(Seule. Là se fait un spot vert sur elle, et une croix rouge s'allume.) J'ai peur. On dit que Dieu est partout; il me guérirait peut-être. Adressons-lui ma prière.

Chanson. Après le chant, la lumière revient. Mademoiselle Catherine entre doucement.

SCÈNE 2

CATHERINE

La petite est là, toute pâle... Si ce n'est pas effrayant! Je vais aller prévenir Monsieur le curé, et aussi deux détectives qui vont cerner la maison; et si on a le malheur de toucher à la petite, eh bien, en route les deux époux pour la prison, car des gens qui n'ont pas de cœur pour leur enfant ne sont pas dignes de rester parmi nous; leur place, c'est d'être enfermés.

TÉLESPHORE

Par ici, docteur, entrez.

DOCTEUR

C'est l'enfant malade?

TÉLESPHORE

Oui, docteur.

DOCTEUR

Vous auriez pu lui donner un meilleur lit.

TÉLESPHORE

Nous avons plusieurs enfants.

DOCTEUR

Ce n'est pas une raison. Allons, examinons l'enfant.

CATHERINE

Tenez, là, docteur. *(Lui montrant l'épaule de la petite.)* Elle dort, docteur.

DOCTEUR

Voilà un sommeil qui ressemble fort à un évanouissement. Essayons de la ranimer.

MÈRE

(En aparté.) De quoi qu'elle se mêle, celle-là?

DOCTEUR

Oh, c'est une plaie affreuse. D'où vient cette blessure?

MÈRE

C'est hier, en tombant en bas de l'escalier.

CATHERINE

(En aparté.) La saprée hypocrite.

DOCTEUR

Et cette plaie à la main?

MÈRE

C'est en jouant avec le tisonnier rouge.

CATHERINE

Encore une autre invention.

DOCTEUR

Voilà une enfant à qui il arrive beaucoup de malheurs. C'est étrange.

MÈRE

Cette enfant est tellement bruyante, elle est toujours fourrée partout.

TÉLESPHORE

Est-ce bien grave, docteur?

DOCTEUR

Très grave, c'est la fin. Allez vite chercher le prêtre sans perdre une minute.

TÉLESPHORE

J'y cours, docteur. *(Il sort.)*

MÈRE

La petite Aurore va mourir. *(Triste.)*

CATHERINE

Non, mais elle en a t'y un front de bœuf! Oh, je vais tout dire. Je vais tout dire.

DOCTEUR

Je n'ai jamais vu dans ma carrière de médecin un cas aussi navrant que celui-là. Ce corps émincé couvert de plaies: on voit que cette enfant se meurt de ses blessures et manque de nourriture.

MÈRE

Pourtant, elle était bien traitée.

CATHERINE

Oui, la lessive et le savon.

DOCTEUR

Je plains ceux sur qui tombera la responsabilité de la mort de cette enfant; il y a quinze jours, j'aurais pu la sauver, mais maintenent, il est trop tard.

MÈRE

Mais avec de bons remèdes?

DOCTEUR

Les remèdes ne peuvent plus rien quand le corps est épuisé par la douleur et les privations. Allons, je n'ai plus rien à faire ici, c'est à Monsieur le curé seul de prendre ma place.

TÉLESPHORE

Par ici, Monsieur le curé, entrez.

CURÉ

Qu'est-ce que l'on dit: Aurore se meurt?

DOCTEUR

Plus rien à faire, Monsieur le curé, je vous laisse, au revoir.

SCÈNE 3

CURÉ

(Après la sortie du docteur.) Je vous avais bien dit d'aller chercher le docteur.

TÉLESPHORE

Mais, Monsieur le curé...

CURÉ

Misérable.

MÈRE

On est allé chercher le docteur, mais il n'y avait personne.

CATHERINE

Peut-on mentir comme ça!

CURÉ

Que voulez-vous dire, Catherine?

CATHERINE

Je veux dire, Monsieur le curé, que vous avez devant

vous les deux plus grands misérables que la terre n'a jamais portés.

CURÉ

Expliquez-vous, Catherine...

CATHERINE

La petite m'a tout raconté. La plaie à la main, c'est sa belle-mère qui lui a fait cela en lui faisant toucher le tisonnier.

MÈRE

Mensonge !

CATHERINE

La lessive que vous lui avez fait manger, est-ce un mensonge aussi, ça ?

TÉLESPHORE

Tu lui as fait manger cela, toi ?

CATHERINE

Vous, taisez-vous, vous la faisiez tenir par votre femme pendant que vous la battiez.

CURÉ

C'est ainsi, Télesphore, que vous maltraitiez votre enfant ?

TÉLESPHORE

Je vous jure, Monsieur le curé, que je ne savais rien de

ce qui se passait dans la maison, car j'étais toujours dehors.

CATHERINE

Monsieur le curé, la petite se meurt. Elle ouvre les yeux, on dirait qu'elle veut parler.

TÉLESPHORE

Elle veut parler, Monsieur le curé, la petite se meurt.

CURÉ

(À la mère.) Vous, restez là dans votre coin et ne troublez pas par votre présence celle qui va bientôt paraître devant Dieu, victime de tous vos forfaits.

AURORE

Madame! Madame! Vous me faites mal! Madame, laissez-moi! Oh! j'ai peur! Un grand temps seule, toute seule ici. Oh! j'ai peur! Mais on dit que Dieu est partout, peut-être m'entendra-t-il. Adressons-lui ma prière.

Elle s'agenouille sur le lit et chante, sur l'air du Rosaire, *« la Dernière Prière ».*

> *Premier couplet*
> Mon Dieu, Mon Dieu vous qui voyez
> Toutes ces douleurs et mes peines,
> Venez, venez donc m'arracher
> À toutes ces terribles scènes.

Deuxième couplet
Pitié pour les petits enfants
Supportant la haine des parents,
Qui pleurent et se lamentent
Dans cette horrible tourmente.

Troisième couplet
Mon pauvre corps est épuisé
Et mes membres sont tous brisés,
Même que m'importe la mort
Je veux, je veux, oui, un meilleur sort.

Elle continue, comme dans un dernier souffle.

Bientôt devant Dieu. Le ciel s'ouvre, les Anges sourient. Ah! Que c'est beau! Maman, ma petite maman, viens donc me chercher! Je veux, je veux un meilleur sort. *(Elle meurt.)*

CURÉ

Morte, la petite Aurore est morte. Monte au ciel, pauvre petite martyre, et implore le pardon de Dieu pour ceux qui t'ont fait souffrir. *(À la mère.)* Et quant à vous, songez au compte que vous aurez à rendre devant le maître suprême.

TÉLESPHORE

Pardonnez-nous, Monsieur le curé. Pardonnez-nous.

CURÉ

Ce n'est ni le moment ni le lieu du pardon. Vous allez paraître devant la justice des hommes, et si vous êtes innocents, Dieu inspirera vos juges; mais souvenez-vous que si la justice des hommes peut se tromper, celle de Dieu demeure infaillible.

RIDEAU

DEUXIÈME PARTIE

Le procès de la marâtre

TROISIÈME ACTE

SCÈNE 1

Une salle du Palais de justice de Québec. La mère habillée de noir est assise au banc de l'accusé.

JUGE

Vous jurez positivement que vous venez de nous dire la vérité ?

ABRAHAM

J'pense ben, Monsieur le juge, que je suis pas ici pour conter des menteries, j'suis ben trop catholique pour ça ; demandez-y à Monsieur le curé si j'suis capable de faire un faux serment.

JUGE

C'est bon, c'est bon, continuez votre témoignage.

ABRAHAM

Oui, Monsieur le juge, et si c't'avocat veut me laisser parler et pas me mélanger, m'en vas vous raconter et j'en ai saprement à dire.

DÉFENSE

Allons, ne sortez pas de la question : dites ce que vous savez.

ABRAHAM

Naturellement, je ne suis pas pour dire ce que je ne sais pas.

JUGE

Parlez.

ABRAHAM

Voilà, Monsieur le juge : un jour que je passais devant chez eux, y m'prend l'idée d'entrer. Télesphore m'a dit : « J'ai ben de la misère avec Aurore. » « Pourquoi donc ? », j'y ai demandé. Y me dit qu'elle avait la tête ben dure, et qu'elle était ben malaisée à élever. Même qu'il était obligé de la battre.

COURONNE

Avec quoi la battait-il ?

ABRAHAM

Avec un fouet tressé avec des nerfs de bœuf. Puis il a dit qu'il la fessait dans le grenier parce qu'en bas son fouet s'accrochait, pis qu'il la battait tellement que ses jambes pliaient et que le sang coulait partout.

JUGE

L'avez-vous vu battre l'enfant ?

ABRAHAM

Je l'ai vu, ce gros sans cœur, la battre, cette pauvre petite fille, sur les ordres de la marâtre. J'ai vu aussi la marâtre battre la petite devant lui avec la strappe qui est là. Il est resté dans son coin sans souffler mot, pis il avait l'air content par-dessus le marché.

DÉFENSE

Est-ce que vous n'en vouliez pas à Télesphore?

ABRAHAM

Pourquoi que j'y en voudrais? J'y dois rien, y m'doit rien, on est quitte; mais y a des limites, s'il n'avait pas été aussi sans cœur, j'aurais pas perdu mon temps à venir me traîner jusqu'ici.

DÉFENSE

Vous n'avez pas le droit d'insulter mon client.

ABRAHAM

Je l'insulte pas, je dis ce que je pense et puis avec ça, il est pas insultable, il en a entendu bien d'autres.

DÉFENSE

Ce n'est pas votre femme qui vous a monté la tête contre lui?

ABRAHAM

Ben, je pense pas, c'est pas ma femme, je ne suis pas un homme à me laisser mener par les femmes. Moi aussi j'ai des enfants de ma première femme, et pis si la mienne avait le malheur de les battre comme Aurore, c'est à moi qu'elle aurait affaire. C'est mon pied qu'elle recevrait quelque part.

COURONNE

Que pensez-vous encore?

ABRAHAM

J'ai remarqué que la petite avait les yeux noirs et la marâtre m'a dit qu'elle avait les yeux noirs parce qu'elle marchait trop nu-pieds. Je vous demande si ça a du bon sens? Moi, je trouve que ça n'a pas de bon sens, pas une sacrée miette.

DÉFENSE

Qu'en savez-vous, si cela a du bon sens ou non? Vous n'êtes pas avocat.

ABRAHAM

Vous non plus, vous êtes pas docteur, vous êtes rien qu'un ataca.

JUGE

Cela n'intéresse pas la cause.

DÉFENSE

Prenez-vous de la boisson, quelquefois?

ABRAHAM

Cela m'arrive quelquefois, je prends une bonne ponce, quand il fait frette.

DÉFENSE

Ce jour-là où vous êtes entré chez la marâtre, n'étiez-vous pas poncé, par hasard?

ABRAHAM

Voulez-vous me faire passer pour un ivrogne?

DÉFENSE

Répondez.

ABRAHAM

Ce jour-là, j'étais aussi à jeun que l'enfant qui vient de naître. Vous pouvez demander à Catherine ma femme qu'était ma blonde dans ce temps-là.

CATHERINE

Ça, c'est vrai, Monsieur l'avocat.

JUGE

Vous n'avez pas le droit de parler.

CATHERINE

Excusez, je ne le savais pas, Monsieur le juge.

DÉFENSE

Ainsi vous jurez positivement que vous étiez à jeun quand vous avez vu la marâtre battre Aurore avec le fouet qui est là?

ABRAHAM

Me prenez-vous pour un sapré fou? Je vous ai dit tout à l'heure que c'était le père, entendez-vous: le père, qui la battait, sur les ordres de la mère, avec le fouet; mais c'était elle qui la battait avec la strappe par exemple.

DÉFENSE

Comme cela, vous en êtes bien sûr?

ABRAHAM

Tiens, c't'histoire: si j'étais pas sûr, je le dirais pas. Y en a de la cervelle là-dedans. Je ne suis qu'un pauvre cultivateur, mais, ça prend bien des avocats pour m'embêter.

DÉFENSE

Soyez plus poli.

ABRAHAM

Bien, cherchez pas à faire croire que j'ai dit des choses que j'ai pas dites.

COURONNE

C'est tout ce que vous savez?

ABRAHAM

C'est tout pour le moment. Si l'avocat ne m'avait pas tant embrouillé, j'en saurais peut-être plus long. Il m'a tant mélangé, que ça m'a fait perdre ce que j'avais à dire.

JUGE

Retirez-vous.

ABRAHAM

Merci ben, Monsieur le juge. *(À part.)* Sais-tu qu'ils m'achalaient, eux-autres?

CATHERINE

Oui, j'te dis que j'avais chaud pour toi.

SCÈNE 2

GREFFIER

Faites entrer Monsieur le curé. *(Le curé entre.)*

JUGE

Vous n'avez pas à prêter serment, Monsieur le curé, nous sommes assurés de la véracité de votre témoignage.

COURONNE

Que savez-vous au sujet de la mort de la petite Aurore ?

CURÉ

Je sais bien peu de choses, Monsieur le juge. Averti par une voisine, je me suis rendu chez les parents. J'ai remarqué que l'enfant paraissait malade. J'ai fait de mon mieux pour exhorter les parents à la bien soigner et à appeler le médecin comme il le fallait ; j'ai ajouté que si cette enfant mourait faute de soins, ils auraient un crime sur la conscience.

DÉFENSE

Avez-vous jamais vu les parents maltraiter Aurore ?

CURÉ

Non, jamais.

COURONNE

Alors, d'après vous, quelle est la cause de sa mort ?

CURÉ

L'enfant, après sa mort, a été transporté à la sacristie de l'église. J'ai remarqué que son corps était couvert de plaies, et sa tête tellement enflée que le front en était déformé.

COURONNE

À quoi attribuez-vous cela ?

CURÉ

Elle avait dû recevoir des coups violents sur le crâne, car des bosses qui existaient sur le sommet de la tête proéminaient de plusieurs pouces.

COURONNE

Connaissiez-vous bien l'enfant ?

CURÉ

Oui, Monsieur le juge, l'ayant entendu plusieurs fois au tribunal de la pénitence.

JUGE

Était-ce une enfant obéissante ?

CURÉ

L'institutrice de l'école m'a dit qu'Aurore était bien sage et très intelligente.

DÉFENSE

Alors, selon vous, l'enfant est bien morte de ses blessures ?

CURÉ

Cela ne fait pas pour moi l'ombre d'un doute.

COURONNE

Aurore vous a-t-elle jamais fait des confidences en rapport avec la conduite de ses parents ?

CURÉ

Non, jamais.

COURONNE

C'est inadmissible.

CURÉ

Cela est pourtant.

JUGE

Pourtant, pensez-y bien, Monsieur le curé, c'est un devoir pour vous comme pour nous d'arriver à la découverte de la vérité.

CURÉ

Je sais, Monsieur le juge, nous avons chacun notre devoir à remplir ; mais je ne puis que vous répéter ce que je vous ai déjà dit. Si la petite m'a fait quelques confidences dans ses confessions, aussitôt après je devais les oublier. Au-dessus de la justice des hommes, il y a la justice de Dieu, et ce Dieu dont je suis le serviteur saura bien punir les coupables.

DÉFENSE

Comment saviez-vous qu'on martyrisait l'enfant?

CURÉ

Par les voisins.

DÉFENSE

Et vous n'avez pas essayé de prévenir la justice?

CURÉ

J'ai conseillé à quelqu'un d'avertir la justice. Cet homme l'a fait, mais on lui a demandé de faire une plainte formelle s'il voulait qu'on envoie un détective. Comme cet homme n'avait que des soupçons et non pas une certitude, il n'a pas osé le faire.

COURONNE

Ne vous a-t-on pas dit que la belle-mère d'Aurore disait qu'elle avait volé de l'argent dans votre église?

CURÉ

On me l'a dit.

JUGE

Et vous l'avez cru?

CURÉ

Non, selon moi, Aurore était incapable de ce vol sacrilège.

JUGE

Vous pouvez vous retirer, Monsieur le curé. Passons au témoin suivant.

SCÈNE 3

GREFFIER

Catherine Sirois!

CATHERINE

Enfin, c'est à mon tour! Elle va l'attraper son biscuit!

ABRAHAM

Donne-z'y.

GREFFIER

Vous jurez de dire la vérité, toute la vérité, rien que la vérité? Levez la main droite et dites: «Je le jure.»

COURONNE

Avez-vous eu connaissance qu'Aurore était maltraitée par sa belle-mère?

CATHERINE

Si j'ai eu connaissance? Bonne sainte Vierge du bon Dieu, oui, je m'en suis aperçu.

JUGE

Qu'avez-vous vu?

CATHERINE

Un jour que je suis allée là, en entrant je l'ai vue bourrasser Aurore. J'ai demandé ce qu'il y avait; elle m'a dit qu'elle ne pouvait pas en venir à bout. «Pourquoi ne la mettez-vous pas au couvent?», que j'y dis. Elle m'a répondu: «On n'a pas le moyen, ça coûte trop cher.» Alors, j'y ai dit: «Allez donc voir Monsieur le curé, y va peut-être ben vous la placer par charité.» Elle m'a dit, comme ça: «Le couvent, c'est ben trop bon pour elle, c'est l'école de réforme qu'il lui faudrait.»

DÉFENSE

Vous êtes bien sûre qu'elle a dit cela?

CATHERINE

C'est à croire! Si je n'étais pas sûre, je ne le dirais pas. Pis essayez pas de faire avec moi comme avec mon mari, essayez pas de m'embrouiller.

JUGE

Continuez.

CATHERINE

Un jour, elle m'a montré un manche de hache avec lequel elle disait que son mari avait corrigé Aurore.

COURONNE

Est-ce bien le manche de hache que voici?

CATHERINE

Non, il était blanc et plus long que celui-là.

DÉFENSE

Mais, cependant, c'est celui-là qui a été apporté à la Cour.

CATHERINE

Il pouvait bien en avoir une douzaine, du train qu'il allait. Il pouvait bien les casser et les remplacer.

ABRAHAM

Et puis ça coûte pas cher, des manches de hache.

COURONNE

Lui avez-vous fait des remarques à ce sujet?

CATHERINE

Je lui ai dit: «C'est pas une arme pour battre les enfants.» Elle m'a dit: «L'enfant ne pleure même pas.» J'ai repris: «Ça se peut pas, un homme fesse trop fort, y pourrait assommer un bœuf avec ça.»

DÉFENSE

Continuez... continuez...

CATHERINE

Donnez-moi le temps. J'en ai assez à dire que je peux pas tout lâcher d'un coup.

COURONNE

Quand avez-vous parlé à l'accusée pour la dernière fois avant la mort d'Aurore?

CATHERINE

Je suis allée chez elle la veille.

DÉFENSE

Pourquoi ?

CATHERINE

J'étais inquiète de l'enfant.

JUGE

L'avez-vous vue ?

CATHERINE

J'pense bien que je l'ai vue, cette pauvre petite ; elle avait la figure enflée avec des bobos partout, les yeux noirs, pis elle était sale, elle n'avait même pas eu le cœur de la laver, pis elle boitait. J'y ai demandé ce qu'elle avait dans le pied. J'y ai dit de faire venir le docteur. Elle m'a répondu que c'était pas nécessaire, on peut téléphoner pour envoyer des remèdes. « Dites au moins que c'est pour la petite Aurore, que j'y ai dit » ; « Non, ce n'est pas nécessaire de dire ça », qu'elle m'a répondu.

DÉFENSE

Est-ce que vous la voisinez souvent ?

CATHERINE

Non, pas souvent.

DÉFENSE

Vous ne l'aimiez pas ?

CATHERINE

Je ne la haïssais pas.

DÉFENSE

N'avez-vous pas dit dans le train qu'elle méritait d'être pendue ?

CATHERINE

J'ai dit bien mieux que ça. J'ai dit qu'on devrait lui faire subir tout ce qu'elle a fait à la petite, et puis encore la pendre par-dessus le marché.

DÉFENSE

Alors, en venant ici, votre idée c'était de la faire condamner ?

CATHERINE

Pensez-vous qu'elle n'en a pas assez fait pour ça ?

DÉFENSE

Vous n'étiez pas toujours chez elle pour savoir ce qui s'y passait.

CATHERINE

Malheureusement, parce que si j'avais été là, je m'en serais mêlée et je vous en passe un papier qu'elle serait pas morte martyre.

DÉFENSE

On dirait que vous avez intérêt à la faire condamner.

CATHERINE

Ayez pas peur, je comprends ce que vous voulez dire; non, moi, je n'ai pas d'intérêt à la faire condamner. C'est vous par exemple qui avez des intérêts à la sauver. *(Elle fait un signe.)*

JUGE

Savez-vous autre chose?

CATHERINE

La semaine d'avant, je suis allée là, elle m'a dit: «Je vais vous montrer comme elle lave bien la vaisselle quand je la bats.» «Faites pas ça», que j'y ai dit, «vous allez la rachever, elle va mourir.» Elle m'a répondu: «Qu'elle crève, je ne verserai jamais une larme; si elle pouvait seulement mourir sans que personne en eût connaissance, car le monde est si méchant qu'on pourrait jaser sur notre compte.»

DÉFENSE

Continuez.

CATHERINE

J'y ai répondu: «C'est tout ce que vous méritez, car après tout c'est rien qu'une enfant et vous la maganez comme on ne devrait pas maganer les animaux.» Après ça, je suis partie et j'ai été dire au curé ce qui se passait là-dessous et ce que j'avais vu.

COURONNE

Qu'est-ce qu'il a dit, Monsieur le curé?

CATHERINE

Qu'il irait voir Aurore. Et pis une autre chose que j'oubliais : quand je lui ai fait remarquer que la tête d'Aurore était enflée, elle m'a répondu : « Tant mieux ! La tête commence à lui amollir et je n'aurai pas besoin de l'envoyer à l'école de réforme. »

DÉFENSE

Songez que vos paroles sont très graves, et que si vous racontez tout cela par vengeance, vous pouvez en être sévèrement punie.

CATHERINE

Bien, il ne manquerait plus rien que ça qu'on sera puni pour avoir dit la vérité, rien que la vérité.

JUGE

Retirez-vous.

CATHERINE

Merci, votre honneur. *(À l'avocat de la défense.)* Vous pouvez dire que vous nous en avez causé des crevasses, vous. *(Elle va s'asseoir.)* Passe-moi ton mouchoir, son vieux, j'en peux plus, je suis tout trempe.

ABRAHAM

Assieds-toi donc puis reste donc tranquille.

GREFFIER

Faites venir le petit frère de la victime.

DÉFENSE

Mais il est à l'hôpital.

COURONNE

Votre seigneurie, on m'a dit qu'il va mieux, et il est là. Quoiqu'encore bien faible, il pourra témoigner.

DÉFENSE

Mais c'est atroce de faire témoigner un enfant contre sa mère.

JUGE

La justice doit employer tous les moyens possibles pour savoir la vérité.

DÉFENSE

Mais le témoignage d'un enfant ?

JUGE

Cet enfant est très intelligent, et il peut nous répondre.

DÉFENSE

Connaît-il seulement la valeur d'un serment ?

JUGE

L'enfant a fait sa première communion, et son instruction religieuse a dû lui inculquer les principes nécessaires.

SCÈNE 4

Gérard entre, dans une chaise roulante. Musique, élégie.

JUGE

Sais-tu ce que c'est qu'un serment, mon petit?

GÉRARD

Oui, Monsieur le curé m'a renseigné là-dessus.

JUGE

Si, après avoir juré de dire la vérité, tu mentais, sais-tu ce que tu aurais fait?

GÉRARD

Un gros péché.

JUGE

Et tu serais puni de ce péché?

GÉRARD

Oui, Monsieur le curé m'a dit que j'irais en enfer.

JUGE

Faites prêter serment à l'enfant. *(Serment.)*

GREFFIER

Jurez de dire la vérité, toute la vérité, rien que la vérité, et que Dieu vous soit en aide.

GÉRARD

Oui, Monsieur.

COURONNE

Ta mère la battait-elle ?

GÉRARD

Oui.

COURONNE

Souvent ?

GÉRARD

Tous les jours et même trois ou quatre fois par jour.

MARÂTRE

Si c'est pas effrayant de forcer un enfant à parler pour faire condamner sa mère !

JUGE

Silence ! Il faut que la Cour sache si vous êtes coupable, oui ou non.

CATHERINE

J'crois ben qu'elle a pas l'air d'aimer ça ben ben, Abraham.

ABRAHAM

J'pense qu'elle a un peu la tremblette.

GREFFIER

Silence!

COURONNE

Avec quoi la battait-elle?

GÉRARD

Avec une hart, le manche de hache, le tisonnier et le fer à friser.

COURONNE

Reconnais-tu ces objets-là?

GÉRARD

Oui, je les reconnais.

COURONNE

Ton père la battait-elle aussi?

GÉRARD

Oui, quand maman lui disait qu'elle ne voulait pas obéir.

JUGE

Était-ce la vérité?

GÉRARD

Non, car Aurore était très obéissante.

COURONNE

Comment ta mère s'y prenait-elle pour la battre ?

GÉRARD

Elle lui attachait les pieds et les mains ensemble, le corps replié, et la battait avec le manche de hache.

COURONNE

As-tu vu ta mère brûler Aurore ?

GÉRARD

(Baisse la tête.) Je... je...

DÉFENSE

N'hésitez pas, parlez...

JUGE

Je vous ferai remarquer que ce n'est qu'un enfant, n'essayez pas de l'intimider. Réponds, mon petit...

GÉRARD

Eh bien, oui.

COURONNE

Avec quoi, la brûlait-elle ?

GÉRARD

Avec le tisonnier.

COURONNE

Celui qui est là ?

GÉRARD

Oui.

COURONNE

À quelle place la brûlait-elle?

GÉRARD

Je ne sais pas toutes les places où elle l'a brûlée, mais elle l'a brûlée assez qu'Aurore en est morte.

COURONNE

L'a-t-elle brûlée avec autre chose que le tisonnier?

GÉRARD

Oui, avec un fer à friser.

DÉFENSE

Comment pouvait-elle la brûler avec un fer à friser?

GÉRARD

Elle avait les cheveux courts, le fer était rouge, et les cheveux grillaient, et plus Aurore criait, plus maman la brûlait.

COURONNE

Comment s'y prenait-elle pour la brûler avec le tisonnier?

GÉRARD

Maman attachait Aurore par les pieds à une patte de la table et faisait chauffer le tisonnier dans la porte du poêle.

MARÂTRE

Vous intimidez tellement mon pauvre petit que vous pouvez lui faire dire n'importe quoi.

JUGE

Cet enfant est assez vieux pour ne pas dire ce qu'il n'a pas vu.

DÉFENSE

Je m'objecte à ce témoignage.

JUGE

Les jurés apprécieront.

COURONNE

Quand Aurore est-elle tombée sur le panneau du poêle?

GÉRARD

Dans le mois de janvier, Aurore s'est fait mal à l'œil.

DÉFENSE

Quel œil?

GÉRARD

L'œil gauche: il était boursoufflé et noir.

DÉFENSE

Votre mère a-t-elle pansé cet œil?

GÉRARD

Oui, avec du pain bouilli et du lait. Le soir, Aurore

n'avait qu'un œil noir, mais le lendemain Aurore avait les deux yeux noirs.

DÉFENSE

Comment peux-tu expliquer cela ?

GÉRARD

Je ne sais pas. Mais ce que je sais bien, c'est que dans la nuit, j'ai vu maman monter au grenier avec un bâton. Puis Aurore a crié bien fort et a pleuré jusqu'au matin.

COURONNE

As-tu jamais entendu ta sœur et ta mère parler d'Aurore ?

GÉRARD

Oui.

COURONNE

Que lui a-t-elle dit ?

GÉRARD

Ma sœur a dit à maman qu'Aurore était bien malade et qu'elle pensait bien qu'Aurore était pour mourir.

COURONNE

Et ta mère, qu'a-t-elle répondu ?

GÉRARD

Que si Aurore mourait, elle serait bien débarrassée et qu'elle se croirait au paradis.

MARÂTRE

Tout ça, c'est des menteries.

ABRAHAM

C'est pas le cas, c'est vrai...

HUISSIER

Si vous ne gardez pas le silence, on va vous faire expulser de la Cour.

ABRAHAM

Dans ce cas, on va fermer notre boîte.

CATHERINE

Tais-toi, tu vas gagner qu'on va te faire sortir.

COURONNE

Ton père a-t-il dit à quelqu'un qu'il battait Aurore ?

GÉRARD

Oui, il a dit à quelqu'un qu'il la battait plus qu'un cheval.

COURONNE

À qui a-t-il dit cela ?

GÉRARD

À Abraham.

ABRAHAM

Ça, c'est vrai, je m'en rappelle.

HUISSIER

Taisez-vous!

COURONNE

Tes frères faisaient-ils mal à Aurore quelquefois?

GÉRARD

Oui, les deux petits jouaient au cheval avec elle et lui passaient une corde autour du cou; l'un la tirait par devant et l'autre la tirait en arrière...

COURONNE

Pourquoi la brûlait-elle?

GÉRARD

Je ne sais pas.

COURONNE

Quel en a été le résultat?

GÉRARD

Papa l'a envoyée à l'hôpital parce qu'elle avait le pied enflé; ma mère l'a battue avec des éclats de bois la première journée qu'elle est revenue de l'hôpital.

DÉFENSE

Pourquoi?

GÉRARD

Parce qu'elle disait qu'elle était malpropre, qu'elle lui faisait faire pénitence.

DÉFENSE

Que faisiez-vous pendant ce temps-là?

GÉRARD

Nous regardions par la fenêtre; maman nous plaçait là pour voir s'il venait du monde.

COURONNE

Que faisait Aurore?

GÉRARD

Elle criait. Quand elle criait trop fort, maman lui fermait la bouche avec la strappe en cuir.

COURONNE

Avec celle qui est là?

GÉRARD

Oui, Monsieur.

COURONNE

Où couchait Aurore?

GÉRARD

En haut dans le grenier.

DÉFENSE

Mangeait-elle avec vous?

GÉRARD

Non, seule, à part; elle a été même quatre repas sans manger.

DÉFENSE

Pourquoi n'avoir pas dit ces choses-là avant la mort d'Aurore?

GÉRARD

J'avais peur d'avoir des volées.

JUGE

Est-ce que ta mère t'a demandé de ne rien dire à la Cour?

GÉRARD

Maman m'a dit de prendre bien garde de rien dire de ce qui s'est passé à la maison.

DÉFENSE

N'as-tu pas brûlé toi-même Aurore avec le tisonnier?

GÉRARD

Non, jamais... C'est maman qui le faisait et elle disait : « Regarde si elle est folle : elle ne sait même pas prendre le tisonnier sans se brûler. »

JUGE

De quelle longueur étaient les brûlures?

GÉRARD

Comme ça... et la peau des mains lui partait.

COURONNE

La brûlait-elle ailleurs que sur les mains?

GÉRARD

Partout.

COURONNE

As-tu eu connaissance que ta mère ait envoyé Aurore nu-pieds dans la neige ?

GÉRARD

Oui, souvent, pour aller à la grange. Papa demandait pourquoi elle sortait comme ça dans la neige. Elle disait que c'était parce qu'elle ne voulait pas se chausser et papa la battait pour ça par-dessus le marché.

DÉFENSE

Je m'objecte au témoignage de cet enfant.

JUGE

Pourquoi ?

DÉFENSE

Parce que cet enfant ne connaît pas la gravité de ses paroles. Comprends-tu, mon petit, que ce que tu dis peut faire monter ta mère sur l'échafaud et que tu n'auras plus de maman ? Regarde si elle pleure : ce sont tes paroles qui la font pleurer. Dis-nous : tu es bien certain de tout ce que tu as dit ?

GÉRARD

Moi... je... je... Maman...

HUISSIER

L'audience est suspendue.

RIDEAU

QUATRIÈME ACTE

PREMIER TABLEAU

SCÈNE 1

Une salle du Palais de justice.

MARÂTRE

Eh bien, qu'en pensez-vous, Monsieur l'avocat ?

DÉFENSE

Je pense que l'affaire tourne mal pour vous, les témoignages ne sont pas favorables.

MARÂTRE

Alors, pour moi, il n'y a plus d'espérance ; mais cependant, vous m'aviez promis, Monsieur l'avocat, de me sauver.

DÉFENSE

Mais j'ignorais que les preuves apportées contre vous seraient si accablantes. Je ne peux plus plaider devant le jury votre non-culpabilité, votre propre enfant a donné le coup de grâce.

MARÂTRE

Alors plus rien... rien...

DÉFENSE

Je vais tenter un moyen suprême: je vais plaider folie. Ce n'est que la folie seule qui peut excuser les atrocités que vous avez commises; mais j'ai peu d'espoir que le jury endosse mon plaidoyer.

MARÂTRE

Essayez, Monsieur l'avocat.

DÉFENSE

C'est mon devoir de le faire, comme avocat, je dois défendre mon client jusqu'au bout; mais je ne vous le cache pas, votre cas me paraît désespéré.

MARÂTRE

Mais si je suis condamnée, c'est l'échafaud.

DÉFENSE

Pas immédiatement, à cause de votre position; et peut-être, avec le délai que nous allons obtenir, parviendrais-je à faire commuer votre sentence.

MARÂTRE

Oh, promettez-moi de le faire, et vous ne vous en repentirez pas!

DÉFENSE

C'est mon devoir que je fais et pas plus; je n'ai que faire de vos promesses. Télesphore, vous m'avez demandé un dernier entretien avec votre femme. J'ai obtenu pour vous cette permission : vous avez dix minutes pour lui parler. (*Il sort.*)

TÉLESPHORE

Merci, Monsieur l'avocat, merci.

SCÈNE 2

MARÂTRE

Tu as voulu me parler, Télesphore?

TÉLESPHORE

Oui.

MARÂTRE

Qu'as-tu à me dire?

TÉLESPHORE

Tu as entendu ce qu'on a dit contre nous!

MARÂTRE

Oui, puis après?

TÉLESPHORE

Après! Après! Nous allons être pendus!

MARÂTRE

Non, mon avocat m'a dit qu'il était certain de nous tirer d'affaire.

TÉLESPHORE

Tout ça, c'est des bonnes paroles. Mais je sais mieux que ça, c'est pour nous arracher les quelques mille piastres qu'on a.

MARÂTRE

Si c'est ton idée, comme tu voudras. En tout cas, je suis bien certaine de ne pas être pendue, et tu sais comme moi pourquoi.

TÉLESPHORE

Oui, mais quand tout sera fini, j'ai peur que tu te fasses allonger le cou par la corde du bourreau.

MARÂTRE

T'es fou, tu ne sais pas ce que tu dis.

TÉLESPHORE

Je le sais mieux que toi; et si nous sommes dans le pétrin, tous les deux, c'est toi qui en es la cause.

MARÂTRE

Pas plus que toi: tu l'as battue comme moi.

TÉLESPHORE

Oui, parce que c'est toi qui me la faisais battre, en me contant des menteries.

MARÂTRE

Pauvre innocent! T'aimes mieux écouter les racontars des autres que de croire ta femme.

TÉLESPHORE

Oh, ma femme ! T'aurais bien dû ne jamais l'être, ma femme ! Je ne serais pas ici.

MARÂTRE

Tu n'as pas toujours été aussi indépendant.

TÉLESPHORE

Oui, naturellement ; tu m'as tant ensorcelé que j'ai fini par tout abandonner pour l'amour de toi.

MARÂTRE

C'est pas moi qui ai été te chercher.

TÉLESPHORE

Non, mais tu as bien su te faufiler chez nous du temps de ma première femme ; et c'est toi qui es la cause de sa folie et de sa mort.

MARÂTRE

Je te conseille pas de la plaindre, après tout ce que tu lui as fait.

TÉLESPHORE

Oui, à cause de toi.

MARÂTRE

Tu mens !

TÉLESPHORE

C'est vrai !

MARÂTRE

Tu n'es qu'un sans cœur : maintenant que tu me vois dans l'embarras, tu ne fais rien pour me consoler et me sauver.

TÉLESPHORE

Un sans cœur, moi ? Parle donc de toi, plutôt ! Avoir maltraité une pauvre petite innocente comme tu l'as fait ; profiter du moment où j'étais au chantier où je travaillais dur, pour redoubler de cruauté pour elle. Quand j'arrivais, tu disais sur son compte tout ce que ta tête pouvait inventer de méchancetés pour me forcer à la battre davantage.

MARÂTRE

Ce n'était pas ma fille à moi ; j'ai bien assez à avoir soin des miens sans m'occuper d'une enfant qui avait la tête dure comme une barre de fer.

TÉLESPHORE

Si tu avais su t'y prendre, tu en serais venue à bout, sans la martyriser.

MARÂTRE

J'aurais bien voulu t'y voir.

TÉLESPHORE

Du temps de ma première femme, je n'ai jamais eu de trouble avec mes enfants ; le trouble a commencé du moment où tu as mis le pied dans la maison.

MARÂTRE

Je te trouve drôle avec tes reproches. C'était ta fille, et t'es ben monté souvent la battre dans le grenier avec ton fouet en nerfs, et t'as ben su la battre à coups de manche de fourche comme on bat un animal, et tu viens me faire des reproches à moi. C'était pas ma fille propre, tandis que toi, c'était l'enfant de ta première femme, que tu aimais tant à ce que tu dis.

TÉLESPHORE

Tais-toi! Ne m'enrage pas davantage, car je serais capable de t'étrangler.

MARÂTRE

Fais-le, comme ça tu seras plus sûr d'être pendu.

TÉLESPHORE

Oui, la corde, l'échafaud: depuis que j'ai été arrêté, je n'ai plus que cette idée dans la tête. Je ne mange plus, je ne dors plus, je pense à toute cette fin terrible, l'échafaud. Et c'est à cause de toi, tout cela. Tu m'as menti à moi, tu as menti à tous les voisins, même à Monsieur le curé, et je maudis le premier jour où je t'ai rencontrée.

MARÂTRE

Et cependant, ce jour-là, tu étais plus aimable que ça. Tu étais galant, empressé; rien n'était assez bon pour moi, tu aurais pu me donner tout ton argent, tu aurais sacrifié tout au monde pour moi, et aujourd'hui, tu rejettes sur mon dos toute la responsabilité d'un crime qui est aussi le tien.

TÉLESPHORE

Ce jour-là, je ne te connaissais pas comme je te connais aujourd'hui. Si j'avais soupçonné un seul instant toute ton hypocrisie et ta méchanceté, tu ne serais pas devenue la mère de mes enfants que tu as si longtemps martyrisés; mais je suis bien vengé, car tu as entendu ton propre fils venir déposer contre toi, c'est lui qui te condamne.

MARÂTRE

Tais-toi, ne parle pas de mon fils! C'est des langues de vipères qui lui ont fait dire ce qu'il a dit.

TÉLESPHORE

Tu sais bien que c'est la vérité. Pauvre Aurore! Comme tu l'as fait souffrir. Quand je pense à cela, et que je me dis que moi, son père, j'ai été complice, je me demande si Dieu pourra jamais me pardonner.

MARÂTRE

Voilà que tu tournes à la dévotion maintenant!

SCÈNE 3

CURÉ

(Entrant.) Bonjour mes amis!

ENSEMBLE

Monsieur le curé.

CURÉ

Votre avocat m'a dit que vous étiez ensemble, et il m'a semblé que vous aviez peut-être besoin de mon ministère, car mon devoir de prêtre m'appelle auprès des malheureux.

TÉLESPHORE

Oui, Monsieur le curé, nous avons besoin de vos secours, car nous sommes bien coupables.

MARÂTRE

Croyez-vous que je serai condamnée?

CURÉ

Vous avez entendu les témoignages et vous savez mieux que moi ce que vous avez fait. Dieu, qui gouverne la conscience, et les jurés peuvent seuls savoir si vous serez condamnés.

MARÂTRE

Monsieur le curé, vous auriez pitié de moi...

CURÉ

Votre repentir ne peut pas vous sauver vis-à-vis de la justice des hommes.

TÉLESPHORE

Si vous saviez combien je regrette.

CURÉ

Vous pleurez, Télesphore : songez aux larmes amères que votre malheureuse victime a versées.

TÉLESPHORE

Oui, j'y pense, et c'est pour moi le sujet de remords continuels.

CURÉ

Mon pauvre ami !

TÉLESPHORE

Dieu voudra-t-il jamais nous pardonner ?

CURÉ

Peut-être, si vous avez la foi, si votre repentir est sincère, si le remords reste bien dans votre cœur, si vous avez la contrition parfaite de votre crime. Je vous affirme que Dieu, dans sa miséricorde infinie, aura pitié de vous et vous pardonnera...

DÉFENSE

(Entrant.) Monsieur le curé, l'audience va reprendre.

CURÉ

Bon courage, mes amis.

DÉFENSE

Je vous laisse remettre le prisonnier entre les mains des gardes. Et vous, tâchez maintenant de maîtriser vos nerfs.

SCÈNE 4

GREFFIER

La Cour!

DÉFENSE

Avant l'ouverture de la Cour, je demanderai à Votre Honneur la permission de changer mon plaidoyer.

JUGE

En quel sens?

DÉFENSE

Mon plaidoyer de non coupable en celui de coupable.

JUGE

Vous voulez sans doute plaider folie.

DÉFENSE

C'est la raison qui à mon avis a pu promouvoir les actes de ma cliente.

JUGE

Avez-vous des témoins à faire entendre?

DÉFENSE

Aucun témoin!

JUGE

Et la Couronne?

COURONNE

Avec la permission de la Cour, j'interrogerai de nouveau Madame Catherine Sirois.

HUISSIER

Catherine Sirois.

CATHERINE

Me v'là encore sur le tapis.

ABRAHAM

Te v'là ben emmanchée!

CATHERINE

J'suis ben forcée d'y aller.

HUISSIER

Sous le même serment, Madame.

COURONNE

Avez-vous vu Aurore après sa mort?

CATHERINE

Je vous crois! Elle faisait ben assez pitié à voir à la sacristie, la tête recouverte d'un voile blanc.

COURONNE

Savez-vous quand on a arrêté les accusés?

CATHERINE

Aussitôt après les funérailles, j'ai vu le détective qui les tenait et j'ai été ben contente. Je me suis dit: « En v'là deux qui n'en feront plus mourir d'autres. »

COURONNE

Après l'arrestation, êtes-vous retournée chez eux?

CATHERINE

Oui, pour voir que les enfants n'aient pas trop de misère.

COURONNE

N'avez-vous rien remarqué d'anormal dans la maison?

CATHERINE

J'ai ben vu que la maison était tout en désordre; tout était sens dessus-dessous; il y avait une vieille paillasse toute tachée de sang dans le grenier, y avait aussi du sang sur les murs et sur le plancher.

DÉFENSE

Êtes-vous sûre que c'était le sang d'Aurore?

CATHERINE

Ben sûr que ce n'était pas le sang d'un animal, car il n'ont pas dû faire boucherie dans le grenier; d'abord c'est pas comme ça qu'on fait dans le village.

DÉFENSE

En effet, vous vous y connaissez, votre mari élève des pourceaux.

CATHERINE

Oui, Dieu merci, on en élève et on en vend; puis y a ben des gens de haute classe qui sont ben contents d'en acheter... attrappe ça, toi...

JUGE

En voilà assez: avez-vous encore quelques questions à poser au témoin?

DÉFENSE

Je veux seulement lui demander si l'accusée paraissait jouir de tout son bon sens.

CATHERINE

Ah! c'était pas une folle, c'était un fond noir plein de malice. Elle savait bien ce qu'elle faisait, allez! Quand j'allais là, elle trouvait toujours le moyen de me dire du mal de mon cavalier Abraham. Elle voulait me détourner de lui, m'empêcher de le marier, et ça, c'était rien que par malice, mais ça n'a pas pris; ça fait qu'aujourd'hui, je suis Madame Abraham. Dieu merci, j'suis bien contente de l'être.

DÉFENSE

Vraiment?

CATHERINE

Oui, pis il a quatre enfants: ils ne sont pas maganés, eux

autres. Ils mangent pas de savon, et ils ne boivent pas de lessive, et j'les brûle pas avec un tisonnier comme quelqu'un a fait, qu'est pas loin d'ici.

JUGE

C'est bien, retirez-vous.

CATHERINE

Ça me fait bien plaisir, j'ai hâte d'en avoir fini avec cette affaire-là... Bonne sainte du Bon Dieu, ça va-t-il achever, c'te saprée histoire-là ? *(Elle se retire.)*

SCÈNE 5

JUGE

(À la marâtre.) Vous avez entendu tous les témoignages qui ont été rendus devant vous. On a dit ici des choses monstrueuses, dont je n'ai jamais entendu d'égal dans toute ma carrière. Pouvez-vous dire quelque chose qui puisse vous justifier et vous laver de ces accusations ? *(La marâtre pleure.)* Ce ne sont pas des pleurs que je vous demande, c'est une réponse.

MARÂTRE

Ce sont des jaloux, ce sont des menteries qu'ils vous ont racontées.

JUGE

Songez que vos accusateurs étaient sous serment, et tous ont dit la même chose.

MARÂTRE

Je vous dis, Monsieur le juge, que j'ai tout fait pour avoir soin de la petite.

JUGE

Ainsi, vous persistez à nier toute accusation portée contre vous?

MARÂTRE

(Pleurant.) C'est faux... c'est faux... c'est faux...

SCÈNE 6

JUGE

La parole est à la Couronne.

COURONNE

Le devoir du procureur de la Couronne est toujours pénible quand il s'agit pour lui de réclamer un juste châtiment pour les criminels. Ce devoir devient plus pénible encore quand il s'agit d'une femme. Mais il faut que la société soit protégée et que les victimes soient vengées.

La peine de mort est le seul moyen dont disposent les humains pour châtier les criminels. Cette femme a commis des actes d'une atrocité indescriptible, qui ont sans aucun doute causé la mort de la petite Aurore. Nous avons constaté, par les témoignages, son désir constant de voir mourir sa petite victime. Mais la mort était lente, il fallait la hâter, et c'est pour y parvenir qu'elle infligea tous ces mauvais traitements à la petite martyre. Vous avez entendu Monsieur l'avocat de la défense se lever et nous dire: «Cette femme est folle.» Mais ne vous y laissez pas prendre, Messieurs du jury.

Devant la méchanceté révoltante de la criminelle, devant les souffrances endurées par la petite victime, un cri monte de tous nos cœurs pour demander le châtiment et la justice. Et c'est au nom de cette justice que je réclame pour la société d'appliquer les sanctions les plus sévères et de condamner cette criminelle à la peine de mort. Merci, Messieurs les jurés.

JUGE

La parole est à la défense.

DÉFENSE

Messieurs les jurés, vous avez entendu comme moi les accusations terribles portées contre ma cliente. J'espère que les témoins ont dit la vérité, mais cette vérité est épouvantable, ce sont des actes que de tout temps dans l'histoire on a châtiés d'une façon exemplaire. Dans l'école, dans l'église, quand nous sommes petits enfants, on nous apprend à aimer notre prochain comme nous-mêmes. Les animaux mêmes doivent être bien traités par nous. On nous dit : « Faites le bien sur la terre si vous voulez être récompensés là-haut. » À vous comme à moi, Messieurs les jurés, on a insufflé ces principes de morale chrétienne ; alors, je vous demande si vous croyez possible qu'une personne jouissant de toutes ses facultés mentales puisse commettre envers un être humain des actes d'une cruauté aussi révoltante, et envers qui, je vous le demande, a-t-elle commis ces actes ? Envers celle qu'elle-même à l'église, au sacrement de mariage, avait promis à son époux de protéger et d'aimer comme ses propres enfants. Vous voyez bien qu'il y a là quelque chose d'anormal : cette femme qui, jusqu'à cette époque, n'avait attiré la réprobation de personne, tout d'un coup criminelle, est devenue une marâtre que le monde entier méprise. Est-ce naturel? Je vous le demande. Pourquoi du reste aurait-elle martyrisé cette pauvre Aurore? Certaine de l'amour de son mari, elle n'avait pas lieu de croire que celui-ci aurait désavantagé ses enfants à elle au profit de ceux du premier lit. Encore une fois, Messieurs les jurés, posez-vous bien ce problème. Et je crois que vous en arriverez comme moi à la même solution: c'est que l'accusée est irresponsable. Pourquoi maintenant est-elle irresponsable? La réponse est toute trouvée et les débats vous l'ont révélée comme à moi. C'est la position intéressante de l'accusée qui en est la cause; n'importe quel docteur pourra vous dire, Messieurs les jurés, qu'en ces moments l'équilibre moral n'est pas parfait, et qu'un rien peut faire rompre cet équilibre. C'est pourquoi, Messieurs les jurés, je vous demande instamment s'il y a pas un doute dans votre esprit sur l'insanité de ma cliente; si ce doute existe, votre conscience vous dicte votre devoir, c'est de vous prononcer pour l'acquittement de ma cliente. Mais comme il est clair que la société doit se protéger, elle ne se rendra pas chez elle; non, ses jours finiront dans un asile où elle ne pourra plus nuire à personne, car, Messieurs, si elle est irresponsable, nous ne devons pas être plus inexorables que le Christ qui, dans ses préceptes, nous a enseigné de protéger les simples et les pauvres d'esprit.

Aurore apparaît pendant que parle l'avocat. Aurore chante La voix d'un ange, *sur l'air de* Maman, c'est pour la France.

AURORE

Vous du jury et monsieur l'juge
C'est la voix d'un' petite enfant
Maint'nant près du Souverain juge
Demandant grâce pour ses parents
J'ai supporté tout's les souffrances
Malgré c'la j'ai tout pardonné
D'ici j'implore votre clémence
Pour ces malheureux dévoyés
Au nom de mon martyre il faut
Les exempter de l'échafaud

   Refrain
J'avais tout enfant
Perdu ma maman
Torturée par une mégère
Maintenant quel bonheur
Auprès du Seigneur
Je vois la fin de ma misère
Je prie le bon Dieu
Pour ces malheureux
Qui me rendent la vie amère
Monsieur l'juge pitié
Soyez inspiré
Pardonnez-leur
Sur cette terre

DÉFENSE

(À la marâtre.) Ne pleurez pas, prenez courage, si le jugement vous est défavorable, je vais essayer de le faire casser.

JUGE

Avant que vous n'entriez en délibération, Messieurs les jurés, je tiens à faire remarquer à tous les pères de famille qui ont suivi ces débats, qu'ils doivent en tirer une morale. Trop souvent des cas de ce genre, quoique moins atroces, viennent à la connaissance de la justice ; que tous ceux, hommes ou femmes, qui ont le malheur de perdre celui ou celle qui leur était uni par le sacrement de mariage, n'oublient pas, s'ils se remarient, de veiller au bonheur des enfants nés de leur première union.

Maintenant, Messieurs, vous allez vous consulter sur le verdict que vous allez rendre. Vous pouvez rendre celui d'homicide, mais selon moi, celui de meurtre est le seul possible. Que Dieu vous éclaire et guide votre conscience. *(Long silence.)* Vous êtes prêts à rendre votre verdict, messieurs les jurés ?

JURÉ

Oui.

JUGE

Quel est-il ?

JURÉ

Coupable de meurtre.

JUGE

Merci, Messieurs *(À l'accusée.)* Vous avez été trouvée coupable de meurtre par vos pairs. Le jugement de la

Cour est que vous soyez pendue jusqu'à ce que mort s'ensuive. Que Dieu vous pardonne et vous vienne en aide.

RIDEAU

ANNEXES

ANNEXE 1

Léon Petitjean

Léon Petitjean naît à Liverpool en 1869. Encore enfant, il s'installe en France avec sa famille. Il y fait ses premières études et commence à se produire en public en jouant dans les théâtres de Paris. En 1887, il obtient un diplôme de l'Université de France, puis, l'année suivante, il émigre au Canada. Dès son arrivée, il s'occupe de théâtre et devient impresario en 1890. Il fait jouer des pièces au Monument National et est l'un de ceux qui invitèrent l'ingénieur Antoine Bailly à participer à la production de *Rocambole*, dont le succès fut déterminant: Bailly passa alors définitivement au théâtre et prit le nom de Godeau.

Tour à tour à Québec et à Montréal, Petitjean joue dans plusieurs pièces dont *Marie-Jeanne*, *Le courrier de Lyon*, *Monte Cristo*, *Faust*, *Le bossu*, *La cagnotte*. Acteur et régisseur du Théâtre des Variétés de Montréal en 1898, il collabora alors avec Godeau, Filion et Palmieri (Joseph-S. Archambault) et, selon Jean Béraud, «il fit partie de toutes les troupes qui, aux environs de 1900, assurèrent l'établissement de nos scènes permanentes».

Il s'acquit une bonne réputation d'homme de théâtre; les grandes sociétés de secours mutuelles, comme la Société Saint-Jean-Baptiste et les Commis-épiciers, le chargèrent à maintes reprises de monter des drames qui obtinrent du succès. En 1920 et en 1921, attaché à la troupe Rollin-Nohcor, il profite de la notoriété du procès de la marâtre Marie-Anne Houde (avril 1920) pour écrire la première version d'*Aurore, l'enfant martyre*, pièce qui lui procure ses plus grands succès.

Léon Petijean meurt à Montréal le 22 décembre 1922.

ANNEXE 2

Henri Rollin

Henri Rollin est le pseudonyme de Willie Plante. Né vraisemblablement à Montréal en 1887, il fait des études élémentaires. Vers l'âge de 18 ans, il devient acrobate, entre dans le monde du spectacle et se fait comédien. Il s'associe à Léon Petitjean pour former une troupe de théâtre, à laquelle s'adjoint Alfred Rochon, sous le nom de Petitjean-Rollin-Nohcor.

Après la mort de Petitjean (1922), il aurait reconstitué de mémoire, vers 1925, avec sa compagne de tournée Marcelle Briand, le texte de la pièce *Aurore, l'enfant martyre*, qu'ils ont déjà tous deux jouée près de 700 fois et qu'ils continuent de jouer jusqu'en 1941. Ils sont, lui et Mme Briand, des amis de la chanteuse La Bolduc.

Lors d'une tournée dans le Bas-du-fleuve, Henri Rollin est victime, à Rimouski, d'un accident de voiture qui lui fracture les deux jambes. Par la suite, souffrant d'asthme, il doit interrompre sa carrière de comédien. Il n'a pas fait fortune avec la pièce à laquelle son nom reste attaché. Il aurait écrit également d'autres pièces,

Le bonheur brisé et *Les méfaits de l'alcool*, qu'il a laissées en héritage à Marcelle Briand-Dairou.

Veuf de Blanche Breton, il meurt à Montréal, le 1er janvier 1942 à l'âge de 55 ans, emporté par un emphysème pulmonaire.

ANNEXE 3

Émile Asselin-Marc Forrez

Joseph-Alfred-Émile Asselin naît à Saint-Joseph (Beauce) le 29 mai 1894, de Joseph Asselin, marchand, et d'Adèle Bouchard. Après ses études primaires à l'école de Vallée-Jonction (Beauce), il fait son cours classique au séminaire Saint-Alphonse de Sainte-Anne-de-Beaupré (1907-1911), puis au Collège de Lévis (1911-1914) où il obtient son baccalauréat. Inscrit en droit à l'Université Laval en 1914, il est mobilisé en 1917. De retour au pays, il devient journaliste à la pige, puis, sous le pseudonyme de Marc Forrez, il entreprend une carrière de comédien, à Montréal et à Québec, à la radio et au théâtre, puis au cinéma et à la télévision. Il joue notamment aux théâtres Arcade et Saint-Denis, à Montréal, de 1941 à 1945.

Ayant tenu souvent le rôle du curé dans *Aurore, l'enfant martyre*, Asselin reçoit à la mort du comédien Louis Préville les diverses partitions de la pièce que se transmettaient les interprètes. Il devient l'un des principaux artisans des tournées subséquentes. Il est l'auteur du premier roman inspiré de l'histoire de la petite Aurore et il signe le scénario du film qui prend l'affiche en 1952. Après son retour à Québec, on le voit au théâtre de la Fenière et sur diverses autres scènes. Vers 1970, il prend la direction artistique de l'association dramatique les Funambules, à Loretteville. Auteur de plusieurs pièces de théâtre restées inédites, Émile Asselin reçut, entre autres distinctions, le Trophée d'art dramatique provincial en 1965 et l'Ordre du mérite de Loretteville en 1980. Il meurt à Loretteville le 28 avril 1981.

ANNEXE 4

Variante pour la scène 2 du premier acte

Catherine vient rendre visite à la marâtre; Abraham, son fiancé, vient bientôt la rejoindre. La marâtre sort pour aller chercher du beurre. Abraham en profite pour conter fleurette à Catherine. Scène du «bec à pincette». Chanson comique — ad libitum — *puis Abraham sort et Catherine se trouve seule avec Aurore.*

MÈRE

C'est vous, Catherine: entrez donc.

CATHERINE

(Entrant.) Bonjour, Madame Chose, j's'rais ben venue avant, mais j'avais trop de commissions à faire.

MÈRE

Oui, je sais qui c'est.

CATHERINE

Comment, vous savez?

MÈRE

Vous savez bien que tout se sait dans le village, puis j'ai su autre chose: que vous étiez pour vous marier dans quinze jours ou trois semaines.

CATHERINE

Il me suit pas à pas: c'est un vrai chien de poche!

MÈRE

Il est achalant!

ABRAHAM

(Entrant.) Vous parliez de moi?

MÈRE

Catherine me disait que vous étiez pour vous marier dans quinze jours, trois semaines.

ABRAHAM

C'est ben trop vrai. Ben écoutez donc, Mame chose, on se pend à tout âge!

MÈRE

Ce que tu dis là, c'est pas bien gentil.

ABRAHAM

Mais choquez-vous pas, la petite mère. C'est un patois que j'ai, comme ça; par chez nous, tout le monde dit ça. Tiens, vous êtes pas pour vous fâcher pour ça?

MÈRE

Y avez-vous bien pensé?

ABRAHAM

On y rêve jamais assez. C'est tout le plaisir qu'on a en attendant de l'avoir pour vrai. Mais quand je l'aurai pour vrai, elle va en avoir des enfants, je vous dis. Puis, Catherine, elle aime ça, les petits, car depuis que ma pauvre défunte femme est morte, c'est elle qui vient prendre soin de mes enfants. Avec elle, c'est tout égal, pas plus un que l'autre. Venez ici, je vas vous dire une chose dans la trompe à Eustache : ma petite Catherine, elle aime assez ça les enfants, elle m'a promis que, quand nous serons mariés, on va en avoir une trâlée de petits Abraham et de petites Catherine. En attendant ce jour-là, je suis venu pour vous payer le beurre.

MÈRE

Merci.

ABRAHAM

J'en prendrais ben encore une livre ou deux.

MÈRE

Je vais aller vous chercher ça tout de suite.

La mère sort. Ici se place, dans l'une des versions, la scène du « bec à pincette » qui était, semble-t-il, facultative.

ABRAHAM

(S'approchant de Catherine.) Cré belle Catherine, j't'aime donc. Viens ici que j't'embrasse.

CATHERINE

Oui, si tu veux, mais rien qu'un bec par exemple.

ABRAHAM

Je veux le prendre en pincette.

CATHERINE

C'est ça, vas-y d'abord. *(L'enfant tousse.)* La petite qui est là.

ABRAHAM

(…) chercher du nanane.

CATHERINE

C'est vrai ça.

ABRAHAM

Il y a pas de lécheux.

CATHERINE

Bavarde donc pas tant, et dépêche-toi donc, dépêche-toi.

ABRAHAM

(…) ferai rien de bien.

CATHERINE

Envoye... envoye...

ABRAHAM

(…) arrive encore quelqu'un.

CATHERINE

Viens-tu ? Non, t'es trop slow. J'ai que'que chose de plus

important à te dire. Dis donc, Abraham, c'est toujours décidé qu'on se marie?

ABRAHAM

(...) curieuse Catherine.

CATHERINE

Je ne suis pas curieuse, mais je veux savoir ce que j'aurai à faire.

ABRAHAM

(...) et mes cochons...

CATHERINE

Ensuite?

ABRAHAM

(...) soin de mes parents.

CATHERINE

Ah pour ça j'aime les enfants.

ABRAHAM

(...) qu'on aura une trâlée.

CATHERINE

Pis après?

ABRAHAM

(...) savoir et rien payé.

CATHERINE

Et les hommes, donc?

ABRAHAM

(...) essayer d'en prendre un.

CATHERINE

Je veux bien, mais si tu es aussi slow que tout à l'heure, t'es ben sûr de t'en passer.

ABRAHAM

(...) son petit frère y a ...

CATHERINE

Son p'tit frère y a?

ABRAHAM

(...) lui en donner d'autres.

CATHERINE

Non, c'est assez.

ABRAHAM

(...) en donner d'autres.

CATHERINE

Non, c'est assez... bon.

ABRAHAM

C'est ta faute.

CATHERINE

Non, c'est de la tienne.

ABRAHAM

(...) pour te parler. *(Jeu de scène.)* Bonjour Mlle Catherine.

CATHERINE

Bonjour Abraham. Tata.

ABRAHAM

(En sortant.) Bonjour la petite.

CATHERINE

Non, mais il est-y beau un peu. Ça, ça va me faire un beau mari, ce garçon-là.

ANNEXE 5

Cette chanson faisait partie de la scène comique entre Abraham et Catherine, au premier acte.

ELLE

J'promets d'être une bonne épouse
D'être fidèle en tout temps
Mais j't'avertis j'suis jalouse
J'aime pas prendre les restants

LUI

Je s'rai sage comme une image
Et quand tu s'ras dans mes bras
Si t'as soin d'mon allumage
Certain qu'tu t'embêt'ras pas

ELLE

J'aurai bien soin d'not' ménage
J'te raccommod'rai tes chaussons
J'te f'rai d'la tête en fromage
Du ragoût pis des cortons

LUI

Le soir en fumant ma pipe
J'te dirai des p'tits mots doux
Tant pis si ta robe se frippe
Quand j't'aurai sur mes genoux

ELLE

Tout seuls chez nous ça s'adonne
L'amour f'ra notre régal
Mais faudra pas qu't'ambitionnes
Parc' que ça r'vire toujours mal

LUI

Quand j't'embrasserai sur la bouche
Ou à n'importe quel endroit
Faudra pas qu'tu sois farouche
Si j'veux t'prendre les doigts

ELLE

Puisque j't'ai donné mon âme
J'peux te l'dire sans embarras
À présent que j'suis ta femme
Tu m'prendras c'que tu voudras

LUI

Quand viendra le temps des fêtes
Si tu veux m'faire un cadeau
Donne c'qui t'passera par la tête
Mais donne-moé pas deux jumeaux

FIN

ANNEXE 6

Variante impliquant le rôle de l'enfant Gérard dans la première partie de la pièce. Après la sortie du père, premier acte, scène 1.

MÈRE

Pis Gérard, lui?

GÉRARD

Oui, maman, me v'là!

MÈRE

Tu vas être en retard pour ton école à matin.

GÉRARD

Papa est-y parti? *(Silence.)* J'voulais descendre en voiture avec lui.

MÈRE

T'as pas déjeuné?

GÉRARD

J'ai encore des biscuits d'hier dans mon sac.

MÈRE

Dépêche-toi, y doit pas avoir fini d'atteler.

Gérard va au lit d'Aurore, la mère l'envoie dehors.

* * *

Au moment de la mort d'Aurore, Acte II, scène 3, à la fin.

CURÉ

(…) pour ceux qui t'ont tant fait souffrir.

GÉRARD

(Entre.) Qu'est-ce qu'y a, donc?

CURÉ

Mon petit Gérard… Aurore vient de mourir.

GÉRARD

Non!… *(Sur le lit.)* Aurore… parle-moi… c'est pas vrai, t'es pas morte… mais réponds-moi don'! *(Il se lève, à sa mère.)* C'est toi, hein? *(Allant vers sa mère.)* Tu l'as encore battue, pis tu l'as tuée.

MÈRE

Petit misérable.

PÈRE

Touche pas! Tu vois bien qu'il l'aimait pour vrai, lui. *(Il prend son fils, l'amène au lit; les deux s'agenouillent, mettent les mains ensemble.)* Elle t'aimait bien, toi: demandes-y pardon pour nous autres!…

ANNEXE 7

Chansons d'Aurore

« LA DERNIÈRE PRIÈRE »
Sur l'air du « Rosaire »
(chantée par Aurore à sa mort)

1er couplet
Mon Dieu, Mon Dieu vous qui voyez
Toutes mes douleurs et mes peines,
Venez, venez donc m'arracher
À toutes ces terribles scènes.

2e couplet
Pitié pour les petits enfants
Supportant la haine des parents
Qui pleurent et se lamentent
Dans cette horrible tourmente.

3e couplet
Mon pauvre corps est épuisé
Et mes membres sont tout brisés.
Même que m'importe la mort
Je veux, je veux, oui, un meilleur sort.

« LA VOIX D'UN ANGE »
Sur l'air de
« Maman c'est pour la France »
(chantée par Aurore à l'apparition)

Couplet
Vous du jury et monsieur l'juge
C'est la voix d'un' petite enfant
Maint'nant près du Souverain juge
Demandant grâce pour ses parents
J'ai supporté tout's les souffrances
Malgré c'la j'ai tout pardonné
D'ici j'implore votre clémence
Pour ces malheureux dévoyés
Au nom de mon martyre il faut
Les exempter de l'échafaud

Refrain
J'avais tout enfant
Perdu ma maman
Torturée par une mégère
Maintenant quel bonheur
Auprès du Seigneur
Je vois la fin de ma misère
Je prie le bon Dieu
Pour ces malheureux
Qui me rendent la vie amère
Monsieur l'jug' pitié
Soyez inspiré
Pardonnez-leur
Sur cette terre

ANNEXE 8

Sources

Archives du presbytère de la paroisse Sainte-Philomène-de-Fortierville.

Archives du Palais de justice de Québec: dossiers des procès de Marie-Anne Houde et de Télesphore Gagnon.

Journal *Le Soleil*, Québec, du 13 février 1920 au 8 mai 1920, comptes rendus du crime, des enquêtes et des procès.

Alonzo LE BLANC, «La tradition théâtrale à Québec (1790-1973)», dans *Le théâtre*, coll. «Archives des lettres canadiennes», tome V, Montréal, Fides, 1976, 1005 p. (p. 220-221, note 50).

Alonzo LE BLANC, «Aurore, l'enfant martyre», dans *Dictionnaire des œuvres littéraires du Québec*, tome II, *1900-1939*, Montréal, Fides, 1980 (p. 97-100).

Léon PETITJEAN et Henri ROLLIN, *Aurore, l'enfant martyre*. Histoire et présentation de la pièce par Alonzo LE BLANC, Montréal, VLB Éditeur, 1982, 275 p.

ANNEXE 9

Romans inspirés de l'histoire d'Aurore Gagnon

Émile ASSELIN, *La petite Aurore*, Montréal, Éditions de l'Alliance cinématographique canadienne, 1952, 287 p.

Robert DE BEAUJOLAIS, *La petite martyre, victime de la marâtre*, 48 p.

Benoît TESSIER, pseudonyme d'Yves THÉRIAULT, *Le drame d'Aurore*, Québec, Diffusion du livre, 1952, 168 p.

Pascale HUBERT, *Le roman d'Aurore, la petite persécutée*, Montréal, Éditions du Bélier, 1966, 116 p.

André MATHIEU, *Aurore, une histoire vécue*, roman, Saint-Eustache, Éditions du Cygne, 1990, 542 p.

ANNEXE 10

Bibliographie sommaire

ARCHIVES NATIONALES DU CANADA [cotes RG 13, B1, 1507, dossier 649A/CC143] : dossiers des procès de Marie-Anne Houde et de Télesphore Gagnon.

ARCHIVES NATIONALES DU QUÉBEC, Centre de Québec [cotes T6-302/3, T11-1/2344, n° 33 (13 fév. 1920), T12-1/69, T12-1/605] : dossiers des procès de Marie-Anne Houde et de Télesphore Gagnon.

GOSSAGE, Peter, «La marâtre : Marie-Anne Houde and the Myth of the Wicked Stepmother in Quebec», *Canadian Historical Review*, 76, déc. 1995, p. 563-597.

LE BLANC, Alonzo, «Aurore, l'enfant martyre», dans Maurice LEMIRE (dir.), *Dictionnaire des œuvres littéraires du Québec*, vol. 2 : *1900-1939*, 1980, p. 97-100.

—, «Aurore Gagnon (1909-1920)», dans *Dictionnaire biographique du Canada*, vol. XIV (1911-1920), Québec, Les Presses de l'Université Laval, 1998, p. 417-419.

—, «La tradition théâtrale à Québec (1790-1973)», dans Paul WYCZYNSKI, Bernard JULIEN et Hélène BEAUCHAMP-RANK (dir.), *Le théâtre canadien-français*, Montréal, Fides, coll. «Archives des lettres canadiennes», tome V, 1976, p. 220ss.

Petitjean, Léon et Henri Rollin [pseudonyme de Willie Plante], *Aurore, l'enfant martyre*, histoire et présentation de la pièce par Alonzo Le Blanc, Montréal, VLB Éditeur, 1982, 273 p. On y trouvera une bibliographie plus détaillée sur la pièce elle-même, p. 139-142.

Perspectives (supplément), 30 déc. 1978.

La Presse, 11 mars, 14-30 avril, 5 mai, 5 juin, 8, 16 juillet, 14 août, 10, 27, 29-30 sept. 1920.

Le Soleil, 13 fév., 8 mai 1920.

SUR LA CRÉATION DE LA PIÈCE

Anonyme, «Dans nos théâtres […]. Alcazar», *La Presse*, 15 janv. 1921, p. 4.

—, «Dans nos théâtres […]. Alcazar», *La Presse*, 22 janv. 1921, p. 40.

—, «Nos lieux d'amusement […]. Alcazar», *La Presse*, 18 janv. 1921, p. 18.

Béraud, Jean [pseudonyme de Jacques Laroche], *350 ans de théâtre au Canada français*, Montréal, Le Cercle du livre de France, 1958; sur Léon Petitjean, p. 88-89.

Ferron, Jacques, «Un miroir de nos misères. Notre théâtre», *La Revue socialiste*, printemps 1951, p. 27-30.

O'Neil, Marthe-B., «Comment le drame d'Aurore, l'enfant martyre est entré dans le folklore et dans les coutumes», *La Tribune*, 14 nov. 1967, p. 7.

TABLE

Présentation 7

Aurore, l'enfant martyre 43

Annexes 147

Québec, Canada
2004